AUGUSTIN DUMONT

G. VATTIER

AUGUSTIN DUMONT

NOTES

SUR

SA FAMILLE, SA VIE ET SES OUVRAGES

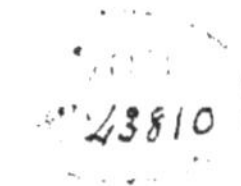

PARIS

H. OUDIN, LIBRAIRE-ÉDITEUR

17, RUE BONAPARTE, 17

—

MDCCCLXXXV

AUGUSTE DUMONT STATUAIRE MEMBRE DE L'INSTITUT 1863

AUGUSTIN DUMONT

I

Ce n'est pas chose commune que de voir une
vocation se transmettre à travers les âges et la
culture du même art rester en honneur dans une
famille pendant deux siècles au moins. L'artiste
illustre dont j'entreprends de retracer l'existence
simple, toute d'intimité et de travail, en même
temps que d'étudier l'œuvre considérable, est le
cinquième, pour s'en tenir à la filiation certaine,
et le dernier membre d'une famille qui a pratiqué
les arts du dessin dans leur expression la plus
sévère et la plus élevée, la sculpture.

Les Dumont sont originaires de la Flandre,
cette pépinière d'artistes et surtout de sculpteurs,

La ville de Valenciennes seule a donné le jour à plus de vingt sculpteurs, parmi lesquels : Pater, Saly, Milhomme, Duret père, Lemaire, Carpeaux, MM. Crauk, Hiolle, Fagel. Le premier Dumont dont le nom soit cité est un Jean du Mont, élève de ce Jean de Bologne que les Italiens revendiquent comme un des leurs, quoique flamand et formé par un maître flamand. Il était fixé à Rome en 1575 et avait acquis assez de réputation pour être désigné au choix de l'empereur Maximilien II, désireux d'attirer à sa cour un sculpteur habile. Des mécontentements l'obligèrent à quitter Vienne, nous apprend l'abbé de Fontenay, « et l'on a su longtemps après qu'il était à Constantinople et s'était fait mahométan ». Qu'un homme de guerre comme Bonneval soit touché par la grâce turque et coiffe le turban, passe encore ! mais qu'allait faire dans cette galère un tailleur d'images ? Ce personnage original était-il un ascendant de Pierre, le premier des Dumont sur lequel nous possédions des renseignements authentiques ? Il est permis de le supposer, non de l'affirmer.

Pierre Dumont, fils de Jean de Quincte Voye

(aujourd'hui les Cinq-Chemins, dans l'arrondissement de Dunkerque), fut baptisé à Valenciennes en 1670 ; à cette date, il devait avoir dix ans, car son acte de décès établit qu'il mourut dans sa ville natale, le 29 janvier 1737, à l'âge de soixante-dix-sept ans. Son corps fut déposé dans l'église où il avait reçu le baptême, à Saint-Waast.

Membre de l'Académie de Saint-Luc, sculpteur de la chapelle du Roi, sculpteur ordinaire du duc de Lorraine, il exerça sa profession un peu partout. Nous trouvons ses traces à Paris en 1687, à Rennes en 1697, à Compiègne en 1713, à Nancy en 1719. Dans cette dernière ville, il eut part aux travaux du palais construit par Léopold II et que le roi Stanislas remplaça par l'édifice actuel. De plus, l'ornementation de huit chapiteaux de la cathédrale lui est attribuée (1). Ne pourrait-on pas encore lui faire honneur du bas-relief, d'un travail délicat (*Pilate se lavant les mains*), qui

(1) La plupart de ces renseignements sont dus à M. François Husson, architecte. M. F. Husson, engagé volontaire pendant la guerre de 1870 et décoré de la médaille militaire, descend, en ligne directe, par les femmes, de Pierre Dumont.

décore, dans la chapelle de Versailles, l'archivolte de la deuxième arcade de la nef, à droite, et que André Félibien dit être de du Mont, sans préciser lequel, Pierre ou François. S'il faut renoncer à porter un jugement sur le mérite d'un sculpteur dont les œuvres ne sont pas venues jusqu'à nous, il est néanmoins loisible d'avancer que l'homme qui a fait l'éducation du fils destiné à le repousser dans l'oubli était un artiste de goût.

Né à Paris en 1687, François Dumont remporta le grand prix de sculpture (*David pardonnant à Abigaïl*) en 1709, à vingt-deux ans, juste à l'âge où devait être couronné son arrière-petit-fils, Augustin, mais il ne partit pas pour Rome. Trois ans plus tard, en 1712, il était reçu membre de l'Académie royale de peinture et de sculpture, sur sa figure en marbre du *Titan foudroyé*, composition hardie, largement et chaudement exécutée. Le mois suivant, 24 novembre, il épousait Anne-Françoise (1), « fille de deffunct Noël Coypel,.... en

(1) Dans la collection laissée par A. Dumont se trouve un portrait d'elle, attribué à Toqué. Ce portrait, quel qu'en soit l'auteur, est un des plus beaux qu'ait produits l'Ecole

présence de Antoine Coypel, peintre du Roy, garde des tableaux et dessins de Sa Majesté, premier peintre de Monseigneur le duc d'Orléans... »

Ce fut un de ces rares ménages où l'amour ne perd jamais ses droits. Je ne résiste pas au plaisir de transcrire les dernières lignes d'une réponse d'Anne Coypel, adressée en 1714 à son mari, retenu par ses occupations au château de Fitzjames, en Beauvoisis : « Tu peux être persuadé que si tu es charmé que ton sort soit uni au mien, je suis dans un contentement inexprimable de mon côté, de l'être à un mari aussi tendre et aussi délicat que tu es. Adieu, mon cher amour, je t'embrasse un million de fois, et sois persuadé que chaque instant de ma vie augmente l'amour de celle qui sera toute sa vie avec affection ta fidèle femme. » Le mari ne se montre pas moins expansif. Voici comment il termine une lettre datée de 1726, c'est-à-dire après quatorze ans de mariage : « Comme il est tard, tu veux bien que je finisse en t'embrassant et en te priant d'être persuadée que je suis plus

du XVIIIe siècle. Anne Coypel est représentée à mi-corps, une palette à la main.

que jamais, avec l'affection la plus tendre et la plus sincère, ton fidèle mari. »

En 1723, François Dumont fut nommé adjoint à professeur. Il était alors, selon les témoignages contemporains, en possession d'une grande renommée et chargé de beaux travaux. La plupart de ces travaux n'existent plus, entre autres ceux de l'hôtel de Clermont (à l'angle des rues de Varenne et Barbet-de-Jouy), de l'hôtel de Toulouse devenu la Banque de France, du château de Petit-Bourg et de l'hôtel d'Évreux (Palais de l'Elysée).

Dans le courant du mois d'avril 1721, le duc Léopold se l'attacha par le titre de premier sculpteur, en l'appelant à Nancy, où son père l'avait précédé. Établi à Lunéville dans une maison mise à sa disposition, il n'eut qu'à se louer des manières du prince. « J'ai l'honneur de lui parler très souvent, écrivait-il à sa femme, le 24 mai ; il vient me voir travailler, et je ne manque guère de me trouver à son lever et à la toilette de Madame Royale, les fêtes et dimanches. » Son séjour en Lorraine ne dépassa pas huit mois, employés, sans profit pour sa réputation, à modeler un fronton, des trophées, un modèle d'autel, des groupes de Chérubins. Il avait hâte de rentrer à Paris et de commencer les quatre statues dont le roi venait de lui confier l'exécution, œuvres magistrales qui décorent les portails latéraux de l'église Saint-Sulpice : *saint Pierre* et *saint Paul*, *saint Jean* et *saint Joseph* (1).

Son dernier ouvrage fut, pour l'église des Dominicains à Lille, le tombeau de Louis de Melun, fils du duc d'Epinoy, dont il ne resterait plus de vestiges si Millin ne l'eût fait graver dans ses *Antiquités Nationales*. François était arrivé dans la capitale de la Flandre, au commencement du mois de novembre 1726, pour surveiller la mise en place de son monument, et descendu à l'hôtel du baron de Worden, un de ses zélés protecteurs. Les personnages les plus distingués du pays le comblèrent de soins et d'égards, se disputant sa présence ; c'étaient le comte d'Avelin, grand bailli, qui ne manquait jamais de l'embrasser à chaque rencon-

(1) Les modèles en terre cuite de ces deux dernières figures, retrouvés fortuitement par Augustin Dumont, ont été donnés par sa veuve au Musée Carnavalet.

tre, le comte de Seclin, son fils, le comte de Béthune,
M. d'Atis, receveur général des domaines, qui possédait trois beaux portraits de Largillière et pro-
posait toujours à Dumont, quand il le recevait à sa
table, de boire à la santé du célèbre peintre. Pour
donner une preuve de plus de la considération
avec laquelle le xviiie siècle traitait les artistes, je
ne saurais mieux faire que d'extraire un dernier
fragment de la correspondance que j'ai sous les
yeux : « On ne peut avoir plus d'agrément par les
amitiés et les prévenances continuelles qu'il (*le
baron de Worden*) a la bonté de me faire. Ces attentions vont jusqu'à venir voir si j'ai ce qu'il me
faut, et quand il va souper chez M. le duc de Bouf-
flers, gouverneur de ce pays, qui est ici depuis
quelques jours, il m'en vient faire ses excuses. Tous
ses domestiques sont empressés à me rendre leurs
services. Ainsi tu vois, ma chère femme, que je suis
parfaitement bien. M. le baron donna, samedi
dernier, à dîner à six des principaux de la ville à
qui il me présenta, et principalement à M. le comte
de Lisle, lieutenant général des armées du roi et
commandant de la place, qui me fit mille amitiés,

me disant que mon nom lui était très connu. Il m'a fait l'honneur de me prier de venir dîner chez lui et qu'il me ferait voir toutes les fortifications... (6 novembre 1726). » Il travaillait un matin sur l'échafaudage dressé dans l'église du couvent, quand un des rideaux de plomb qui composaient le mausolée se détacha et lui brisa une jambe. Le 14 décembre 1726, il succomba aux suites de cette blessure, à l'âge de trente-neuf ans, et fut enterré au pied du monument « témoin de sa gloire et de son infortune ».

C'était un véritable honnête homme, tout à fait digne de s'allier à cette famille distinguée et lettrée des Coypel. A une délicatesse de cœur dont ses lettres fournissent le témoignage, il joignait l'esprit le plus vif. « Ses mœurs, a écrit d'Argenville, ne l'ont pas rendu moins recommandable que ses talents. »

Des huit enfants de François Dumont et d'Anne Coypel, un seul survécut, Edme. Il eut pour maître Bouchardon. En 1748, il remporta le second grand prix de sculpture et entra, la même année, à l'École des Élèves Protégés, nouvellement fondée au Louvre, par l'influence de son oncle Charles Coypel, alors directeur de l'Académie royale de peinture et de sculpture. Il se produisit, pour la première fois, au Salon de 1753, avec deux figures : *Milon de Crotone essayant ses forces* et *le Géant Polyphême*. Le *Milon*, qu'il exécuta en marbre pour son morceau de réception à l'Académie (1768), et que le Musée du Louvre a recueilli, avec celui de François, dans son intéressante collection de morceaux de réception, est un superbe ouvrage, d'un mouvement énergique, d'une forme nerveuse et palpitante, d'une anatomie savante, hors ligne par l'exécution. En 1755, il exposa *Céphale contemplant le présent que Procris vient de lui faire ;* en 1761, le modèle d'un fronton figurant la *Peinture* et la *Sculpture*, qui, sans doute, va prochainement tomber sous le marteau impitoyable des démolisseurs, avec les bâtiments de l'ancienne Manufacture de Sèvres dont il orne la façade ; en 1771, un groupe de *Diane conduite par l'Amour, contemplant le berger Endymion*. L'architecte Antoine l'avait choisi en 1770, pour sculpter au fronton de l'Hôtel des Monnaies (façade de la cour), la *Chimie* et l'*Étude*, dont l'aspect est des plus décoratifs.

Né à Paris en 1720, il mourut dans la même ville, le 10 novembre 1775. Pierre était allé finir ses jours en Flandre, mais les autres Dumont, renonçant au pays natal, se fixèrent pour toujours à Paris.

Jacques-Edme, né le 10 avril 1761, avait près de quinze ans quand il perdit son père. Le célèbre Pajou se chargea de lui faire continuer ses études artistiques et l'admit dans son atelier. L'élève répondit à la sollicitude du maître; en 1783, il remporta le second grand prix et le premier en 1788, sur un bas-relief dont le motif était la *Mort de Tarquin*. Avant de se rendre à Rome, il avait déjà produit un bas-relief en marbre, l'*Ensevelissement de saint Gervais et de saint Protais*, pour la cathédrale de Séez, et le remarquable groupe en bois de la *Charité* qui surmonte la chaire de l'église Saint-Sulpice. A son retour, il prit une part vaillante aux concours institués par la Convention et remporta, dans la seule année 1795, trois prix avec des ouvrages inspirés par les idées à la mode : *La Liberté présentant les Droits de l'homme, le Peuple Français terrassant le monstre ennemi de ses Droits et de sa Liberté, le Peuple Français vainqueur présentant la Liberté et l'Égalité.* Les bouleversements si fréquents des affaires publiques ne lui permirent pas de profiter de ses succès, ni même de la rétribution de vingt-trois mille livres qu'il en retira et qui lui fut comptée en assignats. Il put cependant achever une statue de la *Liberté* placée momentanément sous le dôme des Invalides.

L'État ne donna guère d'occupation aux artistes pendant l'époque révolutionnaire. J.-E. Dumont, réduit à se mettre aux gages des fabricants de bronze, exécuta une quantité de statuettes d'une finesse et d'un goût extrêmes. Au nombre des plus réussies, il faut mentionner : *Une jeune fille contemplant un oiseau mort* (Salon de 1796), toute pensive devant cette image de l'immobilité ; *deux figures couchées sur un lit et tenant des couronnes*, l'une de femme, l'autre de jeune homme (Salon de 1799) (1).

Enfin les temps devinrent moins agités, et il eut

(1) Les originaux en terre cuite de ces ravissantes compositions appartiennent aujourd'hui, le premier à Mme la

à faire, pour l'église de Saint-Denis, un *Louis d'Outremer*, en pierre, pour l'arc de triomphe du Carrousel, un *Sapeur*, en marbre, et *la Clémence* et *la Valeur*, bas-relief en pierre. En 1808, il offrit au public un de ses meilleurs ouvrages, au premier rang dans son estime, le Jean-Baptiste *Colbert* (péristyle du Palais Bourbon), qui attira l'attention de l'empereur Napoléon, dans le cours de sa visite officielle.

Il exposa, en 1819, la statue de *Lamoignon de Malesherbes*, le morceau le plus remarquable du monument élevé, dans le Palais de Justice, en l'honneur du défenseur de Louis XVI, et le modèle en plâtre du général *Pichegru*. La statue du conquérant de la Hollande, exécutée en marbre dans une proportion de dix pieds et érigée en 1826 sur une place de Lons-le-Saulnier, a été brisée le 4 août 1830, par ordre de l'autorité locale.

On doit encore à Jacques-Edme une partie du bas-relief en spirale de la colonne consacrée à la gloire de la grande armée, et trois bas-reliefs pour

duchesse de Galliera, les deux autres à M. Léon Ginain, membre de l'Institut.

la cour et le grand escalier du Louvre : *la Tragédie* et *la Comédie, Vulcain, l'Histoire*. Il a laissé plusieurs bustes, entre autres *Marceau,* dont le marbre a péri dans l'incendie du Palais des Tuileries, mais qu'on peut voir, en terre cuite, au Musée national, ainsi que le bronze d'une jeune dame inconnue et le portrait de « la citoyenne Dumont » (1799), sa mère, un chef-d'œuvre dans une matière malheureusement peu durable, admis, par exception, aux honneurs du Louvre. Je ne me pardonnerais pas d'omettre toute une série de délicieux médaillons en cire, en terre cuite, en plâtre ; quelques-uns, coulés en bronze, ont enrichi le Cabinet des médailles.

Depuis 1825, il avait renoncé à la vie artistique militante et il s'éteignit doucement, le 21 février 1844.

Seul des Dumont, Jacques-Edme n'eut pas le titre d'académicien. Son talent d'un caractère vrai, d'un accent sincère, et qui rompait nettement avec le goût de son époque encline au système et à la convention, le désignait pour un honneur accordé à de moins dignes. Mais, doué

d'un cœur excellent, il avait l'esprit caustique et
le mot piquant, dans sa conversation comme dans
sa correspondance. Plus d'une fois, il se laissa
aller à écrire à l'Académie en termes peu propres à
recommander sa candidature. Augustin, dans son
culte passionné, dans son admiration convaincue
pour son père, ressentit douloureusement l'injus-
tice de la fortune à l'égard d'un artiste qui, après
avoir compté parmi les maîtres d'une école supé-
rieure à celles des autres nations depuis trois siècles, n'obtint même pas la croix de la Légion d'honneur, une récompense devenue si banale !

Dans cette famille de sculpteurs, un peintre s'est
pourtant rencontré, Jacques, fils de Pierre, frère de
François, né en 1700, mort le 17 février 1781, qui
se fit appeler le Romain pour se distinguer de Jean-
Joseph Dumons, comme lui peintre et membre de
l'Académie. Tout jeune il partit pour l'Italie ,
s'arrêta à Rome, où il étudia sous la direction de
Benedetto Castiglione, et rentra en France en 1720.
Jacques Dumont, oublié à cette heure, a joui, de
son vivant, d'une réputation incontestée. Diderot,
rendant compte, au Salon de 1761, de son tableau

allégorique, *la Publication de la Paix en* 1749, n'a-t-il pas écrit : « Il est peint avec hardiesse et force. C'est certainement l'ouvrage d'un maître » ?

Reçu académicien en 1727, sur un tableau d'*Hercule et Omphale* (musée de Tours), il devint recteur, puis directeur honoraire de l'Académie. Le Musée du Louvre ne possède pas de toile de ce peintre, dont le nom a brillé dans les Salons de 1737, 1742, 1743, 1748, 1750, 1751, 1761, qui a tant travaillé dans des genres si divers, et qui ne reculait devant aucune des difficultés et des audaces de son art, mais il conserve deux portraits d'après lui : un dessin de la Tour et un pastel de Roslin.

Les chercheurs de petites curiosités biographiques en ont relevé une qui nous fait connaître l'humeur nomade du Romain. Bien qu'il n'ait pas quitté Paris depuis son retour d'Italie, il peut être inscrit sur la liste des voyageurs les plus infatigables ; de 1731 à 1781 il déménagea quatorze fois.

II

Augustin (1) Alexandre Dumont est né le 16 thermidor an IX (4 août 1801), au Louvre, où sa famille occupait, par une faveur héréditaire, un logement dans le pavillon du midi. Le baptême lui fut donné beaucoup plus tard, le 17 octobre 1809 ; il eut pour parrain Augustin Dupré, graveur des Monnaies de la République, l'ami de Franklin, artiste éminent, connu surtout de nos générations par ses deux compositions monétaires, dont les coins reparaissent avec la forme du gouvernement qui les fit frapper à l'origine. Augustin était le premier des trois enfants de Jacques-Edme Dumont et de Marie-Elisabeth-Louise Curton ; les deux autres furent des filles, dont l'aînée, Jeanne-Louise, née le 11 prairial an XII (31 mai 1804), a

(1) Quoiqu'il ait signé dans toutes les circonstances : « Auguste Dumont », le véritable prénom — l'acte de l'état civil en fait foi — est Augustin.

éclairé d'un rayon le nom obscur qu'elle échangea contre le sien.

Je me reprocherais de faire apparaître cette femme distinguée, sans lui offrir au moins l'hommage de quelques lignes, puisque mon insuffisance ne me permet pas de lui consacrer l'étude développée à laquelle elle a droit. Louise Dumont avait manifesté de bonne heure des dispositions pour le dessin, mais l'influence de sa marraine la détourna de la voie qui s'ouvrait naturellement, et elle abandonna la peinture pour la musique. Cette marraine, Mme Soria, que Jacques-Edme Dumont avait connue à Rome et qu'il a immortalisée par un de ses plus jolis médaillons, avait eu pour maitre Clementi ; elle donna à son élève une excellente éducation musicale, complétée dans la suite par les conseils de Moschelès, de Hummel et, pour l'harmonie, de Reicha. A dix-sept ans, quand elle épousa Aristide Farrenc, musicien érudit, du goût le plus sûr, Louise Dumont entrait dans le monde avec un talent achevé de pianiste et une instruction rare chez ses contemporaines, car elle parlait et écrivait purement les langues anglaise et italienne.

Tout en donnant des leçons de piano pour subvenir aux besoins d'un ménage où l'opulence ne pénétra jamais, elle écrivit un grand nombre de morceaux tout particulièrement appréciés de Schumann. « Nous avons devant nous de petites études vigoureuses, d'un tour fin et piquant, accusant le travail le plus intelligent, si achevées en un mot, qu'on se prend pour elles d'une véritable affection, d'autant plus qu'on y trouve partout répandu un délicieux parfum de poésie romantique. Les thèmes se prêtent merveilleusement aux variations, et Mme Farrenc les développe à l'aide des plus ingénieuses combinaisons canoniques ; il n'y a pas jusqu'à la fugue qu'elle ne réussisse à en faire éclore, la fugue en renversement, diminution, augmentation, et tout cela habilement conçu et toujours harmonieux (1). »

Elle ne tarda pas à appliquer les précieuses facultés dont elle était douée à des compositions d'un genre supérieur, la musique de chambre et la symphonie. Ses trios, quatuors, quintettes, son nonetto, œuvre de premier ordre, ses trois sym-

(1) *Recueil des critiques* de Robert Schumann, t. II.

phonies ravirent l'admiration des artistes et du
public d'élite admis à les entendre, car, à l'exception de la troisième symphonie (en sol mineur)
jouée aux concerts du Conservatoire, ces productions, où la richesse de l'invention le dispute à la
solidité de la facture, n'eurent, le plus souvent,
qu'un auditoire restreint. Leur auteur, selon
l'opinion d'un critique compétent, méritait pourtant d'être mise en communication avec le grand
public. « Chez Mme Farrenc, a dit Fétis, l'inspiration et l'art d'écrire ont des proportions masculi-
nes. La tête a la force de conception d'un maître. »
On peut affirmer, sans enfler la louange, qu'en
France elle va de pair avec les compositeurs
qui ont excellé dans la musique de chambre et
d'orchestre.

L'Académie des Beaux-Arts lui décerna à deux
reprises, 1861 et 1869, le prix fondé par M. Char-
tier pour l'encouragement de la musique instru-
mentale. « Tous les amateurs de belle et bonne musique, lui écrivait Halévy, tous ceux qui connaissent
vos œuvres applaudissent à la décision de l'Académie, que je suis heureux d'avoir à vous annon.

cer et à laquelle je me suis associé avec une conviction sincère. »

Cette femme, d'un esprit et d'un cœur si nobles, dont la modestie égalait le talent, a goûté les radieuses jouissances de l'artiste qui travaille, l'œil fixé sur les sommets, mais elle n'a pas connu le bruit de la gloire. Le temps, justicier tardif, saura la mettre dans sa pleine lumière et son plein relief, et le nom de L. Farrenc s'imposera sur les programmes de musique classique où les connaisseurs regrettent et s'étonnent de ne jamais le rencontrer.

Choisie en 1841, sur la présentation d'Halévy, pour donner des leçons à la duchesse d'Orléans, elle fut nommée, en 1842, professeur au Conservatoire et, pendant trente années d'exercice, elle a formé de nombreuses virtuoses, héritières de la pureté de son style et de la délicatesse de son doigter (1).

Un mal foudroyant l'emporta le 15 septembre

(1) Conjointement avec son mari, elle a élevé à la gloire des maîtres du clavecin et du piano des trois derniers siècles un monument impérissable, *Le Trésor des Pianistes.*

1875. La vie ne lui avait pas été clémente. Elle avait eu la douleur de perdre, en 1859, une fille digne d'elle sous tous les rapports, Victorine-Louise Farrenc, la plus accomplie de ses élèves, et qui donnait, pour la composition, des espérances qu'une maladie nerveuse, dont elle fut atteinte dès l'âge de vingt ans, ne lui laissa pas remplir. Pendant la courte période de temps où il lui fut possible de travailler, elle a écrit plusieurs études pour le piano et une douzaine de mélodies, gravées en partie.

La seconde des filles de Jacques-Edme, Mlle Constance Dumont, survit aux siens. Élève de Meynier, elle a tenu la palette en amateur. Restée au foyer domestique, les plus belles années de sa vie ont été employées à entourer de soins tendres et vigilants la vieillesse de ses parents.

La vocation ne tarda pas à parler chez Augustin. S'introduire dans l'atelier de son père, manier les ébauchoirs, pétrir la terre glaise étaient son passe-temps préféré, sa récréation favorite. Sa onzième année accomplie, Jacques-Edme voulut lui faire commencer immédiatement son apprentissage; d'accord avec tous ses confrères, il pensait qu'un artiste était assez grand clerc quand il lisait couramment et écrivait l'orthographe approximativement. L'ardeur d'Augustin répondait au désir paternel, mais sa mère s'empressa d'y mettre un frein. Femme d'un grand sens, elle comprenait d'instinct l'importance d'une instruction solide et se rendait compte des ressources que ces études classiques dédaignées pouvaient offrir au développement de l'esprit d'un sculpteur ou d'un peintre. On l'a justement remarqué, l'influence de la mère sur l'éducation de l'enfant qui doit compter un jour dans le monde est prépondérante. Ici même où il s'agissait de former un artiste, le père étant lui-même un artiste de grand mérite, c'est la mère qui l'emporta en prévoyance et en perspicacité. Devant son inébranlable volonté, les résistances durent céder, et Augustin entra, en 1813, dans l'institution fondée ou plutôt rétablie à la fin du siècle, sous l'invocation de Sainte-Barbe, par Victor de Lanneau, un maître incomparable, dont la mémoire demeura toujours vivante au cœur de ses élèves.

Sur les mêmes bancs se rencontrèrent avec lui un enfant appelé à remplir un certain rôle dans notre histoire, Eugène Cavaignac, et deux condisciples qui devaient être ses camarades à la villa Médicis et ses confrères à l'Institut, Henri Labrouste et Léon Vaudoyer. Quoique son esprit ne fût pas entièrement envahi par le grec et le latin — ses cahiers de devoirs surchargés de croquis en fournissent d'abondantes preuves — il se maintint avec régularité dans les premiers rangs de sa classe. Parmi les notes trimestrielles rédigées d'une main experte par V. de Lanneau, j'en prends une au hasard : « Toujours excellent sujet; le goût du travail se soutient chez lui et est secondé par une heureuse facilité; ses places sont bonnes; ses progrès sont réels; son travail est appliqué et suivi; on voit qu'il attache du prix à appeler sur lui l'attention de son professeur (1) ». Ce professeur, qui, trente ans plus tard, n'avait pas oublié le nom de Dumont, était M. Desforges, fils de l'aventurier dont la plume brocha, dans un accès de bonne humeur, *le Sourd ou l'Auberge pleine*. Excellent

(1) Pourquoi ne copierais-je pas une seconde note au pronostic si complètement réalisé ? Dans la case réservée au dessin, on lit : « capable de réussir avec du travail ».

humaniste, il avait conquis la faveur de ses disciples, moins grâce à ses doctes commentaires que par l'élégance de ses culottes collantes et de ses bottes à la Souvorow. J'ai connu M. Desforges (si j'ose introduire dans mon récit un souvenir personnel) professeur de rhétorique au collège Louis-le-Grand, en 1845. Il était infirme à cette époque, et ses jambes disparaissaient sous la longue robe universitaire ; un domestique le portait dans sa chaire avant l'ouverture de la classe. Hélas ! écoliers impitoyables, nous n'avions pas pour sa personne la déférence méritée ; nous le trouvions prodigieusement arriéré. Ne commettait-il pas l'hérésie de préférer Racine à Victor Hugo ? Mais quel empire il reprenait sur nous quand il consentait sans trop d'insistance à nous lire quelques scènes de Molière ou un acte des *Plaideurs !* Jamais Sosie, Orgon, Chrysale, Argan, Dandin ne rencontrèrent à la Comédie-Française d'interprète plus parfait.

Après la troisième, Augustin déclara que, malgré son admiration pour Homère et Virgile, il était résolu à rompre le commerce qu'il entretenait avec

ces sublimes poètes au moyen de fastidieuses ver-
sions. Il avait hâte de faire son entrée dans la carrière des Dumont. Il savait d'ailleurs assez de latin
pour être en état, et longtemps même après sa sortie du collège, d'expliquer un texte avec une facilité inconnue à la majorité des bacheliers ès lettres.
Cette fois, il l'emporta et serra joyeusement au
fond d'une armoire la petite lanterne qui lui ser-
vait à se diriger, l'hiver, à cinq heures du matin,
dans les rues sombres et désertes par lesquelles
l'ancien hôtel de Chalon se reliait à la Sorbonne.

L'enfance et la jeunesse d'Augustin Dumont s'é-
coulèrent entre les murs de la Sorbonne. Lorsque
le premier consul eut décidé l'achèvement du
Louvre, la plupart des artistes logés dans ce palais
furent congédiés et reçurent, en retour, l'hospitalité dans les bâtiments abandonnés où avaient re-
tenti les discussions passionnées de la bulle *Unige-
nitus*. Ces dépendances spacieuses, disposées pour
contenir trente-sept docteurs en théologie, abri-
tèrent, pendant près d'un quart de siècle, toute
une colonie de peintres et de sculpteurs. Au milieu
du grand Paris, rien de plus curieux que ce petit

Paris où vivait une trentaine de ménages, rappro-
chés par le culte des mêmes dieux, dans une sorte
de communauté fraternelle, troublée de temps en
temps, il faut l'avouer, par les rivalités inévitables
entre voisins et voisins de caractère particulièrement susceptible. Je n'ai pas la prétention d'évo-
quer un monde presque entièrement évanoui ; cependant, je voudrais essayer, en m'aidant de notes
prises à la volée et de souvenirs lointains, de faire
défiler dans une rapide énumération les personnages qui, jusqu'au 1er août de l'année 1821 où le
roi attribua la maison à l'Université, habitèrent l'é-
difice reconstruit par Richelieu.

Tout d'abord, le plus illustre, Prud'hon, mé-
connu de ses contemporains auxquels il semblait
un débris du passé, comme un Watteau attardé,
un Boucher faisant tache dans le ciel de David.
Sous le même toit, Mlle Mayer, une laide charmante, dont l'expression de douceur et de tendresse
se retrouve sur toutes les têtes du maître. Attirée
vers Prud'hon par son génie, sa pauvreté et ses
malheurs, elle l'aidait dans ses travaux, et, tenant
la place de l'épouse absente, élevait les nombreux

enfants nés d'une union mal assortie. Son devoir maternel accompli, elle sentit un vide affreux, s'épouvanta de l'avenir, et un matin de mai 1821, affolée par le désespoir, saisit un rasoir et se coupa la gorge. Adieu sinistre de la colonie artistique à cette Sorbonne regrettée d'où la pauvre femme n'avait pu se résigner à sortir !

Plus célèbre que Prud'hon, d'une célébrité viagère, vivait à côté de lui Charles Meynier (1), dont la main facile et féconde ne s'arrêtait jamais et que David avait pris en exécration. Le nom de Meynier excitait sa verve ; épigrammes et saillies jaillissaient comme de source. « Meynier, disait-il un jour, avec la grimace d'un singe se complaisant dans sa malice ; oh, Meynier ! il a beaucoup de talent. On lui couperait la tête qu'il peindrait encore. »

(1) Quoique peintre d'histoire, il n'avait pas cru compromettre sa dignité, pas plus qu'Abel de Pujol, l'auteur des *Deux Magots*, en brossant une enseigne. Cette enseigne, qui se voyait encore, il y a une trentaine d'années, sur la devanture d'un marchand de nouveautés, rue de Seine, représentait un personnage d'un vaudeville de Scribe *(Une nuit de la garde nationale)*, l'amusant M. *Pigeon* « biset en habit marron ».

Les autres peintres, peintres d'histoire comme ils s'intitulaient hiérarchiquement, étaient : Callet, qui a restauré et complété le beau plafond de Lemoine, à Saint-Sulpice, couronné par l'Académie à dix-huit ans ; Ansiaux et le canonnier Lordon, en réputation alors, aujourd'hui dans l'oubli, comme Trézel et Pajou écrasé sous le poids d'un grand nom ; Garnier, l'auteur de la *Famille de Priam*, voisin aimable, cœur dévoué, qui, après avoir essayé vainement de faire entrer à l'Institut son ami Jacques-Edme, eut du moins la joie de contribuer à l'élection d'Augustin ; Taillasson, coloriste agréable, poète comme Girodet, tantôt rimant un poème didactique sur *le Danger des règles dans les arts :*

Et le sein d'Aglaé fut le fruit du compas !

tantôt tirant de la lyre d'Ossian les chants de Selma. Et encore Milbert le voyageur, ballotté des pamplemousses de l'Ile de France aux rives de l'Hudson, plume et pinceau à la main ; Dutertre, dessinateur adroit, qui avait été contemplé par les quarante siècles des Pyramides à la même heure mémorable que son camarade l'architecte Norry, membre

comme lui de l'expédition d'Egypte ; Constant Bourgeois, paysagiste un peu sec, l'un des propagateurs
des procédés récemment inventés de la lithographie.
Puis Demarne, le flamand, qui avait préféré à l'épée
paternelle le pinceau naïf et frais avec lequel il a
couvert tant de toiles recherchées par les amateurs.
L'été, il allait faire ses études dans sa charmante
propriété de Bourgogne, flanquée de tours féo-
dales, ombragée d'arbres séculaires. Enfin deux
peintres de portraits : Vestier, visiteur sans mesure,
mais d'une dextérité merveilleuse à rendre les
étoffes, et Bosse, qui avait vu sourire devant son
chevalet les plus gracieux visages de la cour de
Louis XVI et de la cour du comte d'Artois. Ce
dernier prince appréciait beaucoup Bosse et plus
encore, à en croire les mauvaises langues, Mme Bosse,
une beauté imposante. Médisance ou indiscrétion,
on se souvenait que le comte d'Artois avait reçu en
partage un, pour le moins, des trois talents du Béar-
nais. J'allais oublier Vandaël, peintre de fleurs,
détesté de la jeunesse parce qu'il s'était approprié,
pour y cultiver ses modèles, une partie du jardin
commun.

Des sculpteurs, le plus renommé parmi les hôtes de la Sorbonne était Roland. Ses œuvres vivantes et grandioses lui méritèrent l'honneur d'entrer avec Pajou et Houdon dans la section de sculpture, à la fondation de l'Institut; d'elles une école était sortie. J.-E. Dumont s'y rattachait par un amour sincère de la nature, qu'on ne rencontrait pas au même degré dans ses rivaux plus favorisés, Cartelier, Lesueur, Ramey, tous trois de l'Institut. Ramey eut même le privilège, unique dans les arts, d'être le confrère de son fils.

Beauvallet, de relations désagréables, ne manquait pas de mérite; ses figures de femmes respirent une grâce dont son caractère était dépourvu. Il avait joué un semblant de rôle pendant la Révolution, et son amitié pour Robespierre faillit lui coûter cher, lorsque les terroristes furent terrorisés à leur tour. Sous l'Empire, il se tenait coi, vivant retiré et solitaire dans un corps de logis accessible par un escalier réservé à son usage exclusif. En rentrant un soir, il trébucha; personne ne l'entendit tomber, et le lendemain on le releva mort au bas de la première marche. Bridan, l'auteur de l'éléphant monumental de la Bastille, ce vaste palais des rats, qui avait hérité du talent de son père, ne mourut pas d'une chute, quoiqu'il en fît de fréquentes. Que de fois on le trouva dans la cour ou devant sa porte, dormant sous la protection du dieu qu'il adorait ! O inconséquence de l'esprit humain ! Il devait bien une statue à Bacchus, il tailla dans le marbre un héros sobre, *Epaminondas !* Stouf, la rougeur au front, enjambait trop souvent, pour se rendre à son atelier, le fils de son ancien confrère de l'Académie. Un brave homme que ce vieux Stouf, et gai et pétillant comme Trenitz lui-même ! Il était resté fidèle aux traditions de ses maîtres, Coustou et Slodtz, à l'art du xviiie siècle, et son *Abel mourant* en est un des plus aimables spécimens. Chez Francin, dont le père avait été également académicien, on aimait à rencontrer Michalon, son petit-fils, enlevé en pleine jeunesse, à l'aurore de la gloire, après avoir remporté pour la première fois le prix de paysage historique fondé en 1817.

La gravure était représentée par Alexandre Tardieu, dont le burin avait tracé les assignats. Artiste habile, il mettait tant d'intervalle entre chaque taille qu'il acheva, sous le consulat, le portrait en pied de Barras, commandé par le Directoire au début de son établissement. Comme de juste, Fouché mit l'interdit sur la planche. La leçon ne fut pas perdue ; il eut soin de terminer, avant la Restauration, le portrait de Napoléon Ier d'après Isabey.

On travaillait beaucoup à la Sorbonne, on s'y amusait un peu. Que les distractions de ces bonnes gens nous paraîtraient fades et médiocrement réjouissantes ! Par les longues soirées d'été, on se réunissait dans le jardin que traverse actuellement la rue Jean Gerson, sous les épais tilleuls odorants. Orfila, sur le point d'épouser Mlle Lesueur et admis à faire sa cour, était d'une assiduité de prétendu. Espagnol, il apportait sa guitare et disait, d'une voix de vrai ténor, une séguedille nationale ou une romance de Martini :

« Rien n'était ravissant comme la voix d'Alpin ! »

me disait un témoin auriculaire, en retrouvant dans sa mémoire un vers de Taillasson. Outre ces concerts improvisés, en plein vent, des fêtes musicales étaient données dans une grande salle où les élèves de Prud'hon et de Mlle Mayer peignaient d'après le modèle (1).

En hiver, on dansait chez Pajou, chez Lordon ou chez Dumont, le dimanche. Jacques-Edme jouait un peu du violon et mettait la meilleure volonté du monde à râcler, sans démancher, par exemple, le quadrille en vogue la *Petite Laitière*. Les danseuses, et la Sorbonne n'avait pas besoin d'emprunter au dehors pour en fournir un sémillant

(1) J'ai retrouvé quelques programmes de ces concerts, écrits à la main, sur un solide papier à dessin, par un calligraphe consommé. Ceux qui se plaisent aux retours sur le passé, même à propos de bagatelles, liront peut-être avec intérêt un de ces documents : 1re partie. 1° Concerto de piano de Dussek, exécuté par Mlle L. D[umont]. 2° Air de *Jean de Paris*, de Boïeldieu, chanté par M. C***. 3° Air varié pour le violon, de M. Baillot, exécuté par M. N***. 4° Air de *Sémiramis*, de Catel, chanté par Mlle Dubois. 5° Concerto de flûte de Berbiguier, exécuté par M. Farrenc. 2° partie. 1° Variations exécutées sur la guitare par Mlle Camus. 2° Air de *La Journée aux aventures*, de Méhul, chanté par M. C***. 3° Pot pourri pour piano et flûte, par MM. Blaze et Berbiguier, exécuté par Mlle L. D. et M. Farrenc. 4° Romance de *Jeannot et Colin*, de Nicolo, chantée par Mlle Dubois. 5° Fragment d'un concerto de violon, de M. Crémont, exécuté par M. Maussan. 6° Duo de *Françoise de Foix*, de Berton, chanté par Mlle Dubois et M. C***.

essaim, se paraient de mousseline blanche, ou de robes grises rehaussées d'un mince filet vert; décolletées à la vierge, elles posaient sur leurs cheveux une petite couronne de fleurs, à l'antique. C'étaient Mlles Dumont, Mlle Bourgeois, Mlle Roland devenue Mme Lucas de Montigny, Mlles Lordon, Mlles Cartelier, mariées, l'aînée au statuaire Petitot et la plus jeune, Fanny (moissonnée au printemps de la vie, dans l'épanouissement du bonheur), au peintre Heim, Mlle Lesueur, Mlle Trézel, nièce de l'artiste, fille du lieutenant général le dernier ministre de la guerre de la monarchie de juillet, unie au savant naturaliste Milne Edwards, Mlle Stouf (Mme Couderc), et les quatre demoiselles Bosse, dont la plus âgée s'enorgueillissait de se nommer Victoire et d'être née au mois de Mars.

L'éclairage n'était pas somptueux. Et quels rafraîchissements modestes ! Des verres de sirop de groseille ou d'orgeat que les jeunes gens offraient eux-mêmes. Dans les occasions solennelles, on faisait la dépense d'un violon qui, celui-là, démanchait ; parfois même, chez Pajou, qui était riche, on soupait. A minuit, d'ordinaire, tout s'éteignait, lumières, notes aiguës de la chanterelle, rires argentins, et l'antique monument rentrait dans l'ombre et le silence.

Il était si paisible ce quartier propice au travail et favorable au recueillement ! Le moindre bruit suffisait pour le mettre en émoi. Un jour, les pavés résonnèrent sous les sabots des chevaux, l'air se remplit d'un cliquetis d'acier. Aussitôt toutes les fenêtres s'ouvrirent, des têtes blondes, brunes et même blanches apparurent, puis une bande d'enfants se précipita dans la rue. Un spectacle inaccoutumé s'offrit aux regards. Sur la place de la Sorbonne, des cavaliers immobiles, sabre au poing, et à la porte de la vieille église de Cluny servant d'atelier à David, une voiture arrêtée. La grande nouvelle vola de bouche en bouche. L'Empereur venait d'entrer chez son premier peintre. C'était la dernière visite, entre Elbe et Sainte-Hélène, et, vaincu, il dut admirer le tableau de *Léonidas aux Thermopyles* dont, vainqueur, il avait vivement critiqué le sujet. Au bout de quelques minutes d'attente, Napoléon parut, pensif, soucieux, et remonta dans sa voiture, qui passa, comme un éclair, à travers la foule remuée par des sentiments divers, les pères et les mères silencieux, les fils acclamant et applaudissant. C'est la seule fois qu'Augustin aperçut le grand capitaine qu'il devait plus tard faire revivre, déifié, sur sa colonne triomphale. La vision ne s'effaça jamais de son cerveau.

Quand il quitta Sainte-Barbe pour se donner sans partage à l'art qui l'attirait invinciblement, il avait seize ans ; toutes ses heures étaient remplies par l'étude, modelant dans la journée et le soir dessinant, toujours sous l'œil attentif de son père. Jacques-Edme, qui maniait le crayon aussi habilement que l'ébauchoir, avait à cœur que son fils se perfectionnât dans un exercice indispensable à un sculpteur, et qu'à son tour, Augustin ne se lassa jamais de recommander à ses élèves. Il tint même à le placer sous la direction d'Abel de Pujol, jugeant, par un excès de modestie, que les conseils d'un homme du métier devaient être supérieurs aux siens. Entouré des œuvres de ses ancêtres, guidé par un maître en possession de tous les secrets de la statuaire, le jeune homme développa

rapidement les facultés qu'il avait reçues de la
nature. Bientôt, il n'eut plus de succès à demander
à l'Ecole des Beaux-Arts et se sentit en état de
disputer le prix qui devait réaliser ses plus chères
espérances, en lui ouvrant les portes de Rome. A
ce moment, Jacques-Edme, pour donner à son fils
un appui dans les luttes prochaines, le fit entrer
chez Cartelier qui, membre de l'Institut, avait une
grande influence dans les jugements et dont l'atelier,
rival de celui de Bosio, était coutumier de la victoire. Pour son coup d'essai, Augustin se présenta
au concours de 1821, et son bas-relief *Alexandre
combattant dans la ville des Oxydraques* remporta le
second grand prix, non sans avoir balancé le premier. L'année suivante lui fut moins favorable ;
l'Académie estima qu'aucune des rondes-bosses ins-
pirées par *Jason enlevant la toison d'or* n'était digne
de la plus haute récompense. Moins sévère pour
lui-même que ses maîtres, il avait cru toucher le
but, mais sa mère ne s'y était pas trompée. « Ne
te fais pas d'illusions, lui avait-elle dit en revenant
de l'exposition, ta figure n'est pas bonne, tu
n'auras rien. »

Affligé mais non abattu, il se prépara à prendre
une glorieuse revanche. Les candidats admis au
concours de 1823 étaient, dans l'ordre de réception,
Dumont, Lanno, Desprez, Seurre (Émile), Debay,
Brion, Duret, Dantan. Ils avaient pour sujet un
bas-relief : *Evandre pleurant sur le corps de son fils
Pallas.* La veille du jour où il devait composer
l'esquisse exigée par les règlements, Dumont tomba
gravement malade. Domptant le mal par un effort
d'énergie, il se fit transporter dans la loge qui lui
avait été attribuée sous une des arcades du joli
cloître de l'École des Beaux-Arts et put remplir la
première partie du programme. Mais le lendemain,
épuisé, il dut reprendre le lit et vit se succéder
quinze longs jours avant que ses forces lui permis-
sent de retourner dans sa loge. A peu près rétabli,
il se mit à l'ouvrage avec une ardeur si acharnée
qu'il parvint à réparer le temps perdu. Il n'en avait
pas fini avec la mauvaise fortune ; une semaine
avant l'expiration du délai accordé aux élèves,
une inflammation des yeux, produite par l'excès du
travail, vint paralyser ses derniers efforts et l'em-
pêcha de terminer son bas-relief. Malgré cette

légère imperfection, sa supériorité parut incontestable dans un concours excellent où deux premiers grands prix furent décernés. Il obtint le premier, le second échut à Duret.

Cette production d'un élève offrait, dans la fraîcheur de leur éclosion, les qualités qui devaient caractériser le maître : le sentiment du sujet, la science de la composition, l'amour de la forme, l'art de l'ajustement.

III

Les lauréats de 1823, Auguste Debay, Bouchot, Dumont, Duret, Duban, les musiciens Boilly et Ermel, auxquels s'était adjoint Fontaine, neveu de l'ancien architecte des bâtiments de la Couronne sous l'Empire, second grand prix d'architecture de l'année précédente, partirent de Paris dans le milieu du mois de novembre. C'était un voiturier de la rue Git-le-Cœur qui avait alors le privilège de transporter les voyageurs à Rome; il se chargeait en outre, pour un prix débattu, d'héberger et de nourrir ses clients. La route se faisait gaiement, souvent à pied, avec des repos multipliés par le caprice ou la curiosité de voyageurs novices, dont la plupart ne s'étaient pas aventurés plus loin que Saint-Cloud. Dumont avait été jusqu'au Havre, grâce à la largesse d'un mouleur assez désintéressé pour retenir seulement cent quarante francs sur un buste payé deux cents.

Nul incident en France, le journal de voyage est muet. La neige et la pluie faisaient rage sur le versant occidental du Mont-Cenis ; mais, à la descente, la température s'était adoucie, le ciel s'était rasséréné, et l'Italie se montrait sous son aspect de terre promise, cette Italie inondée de lumière et de parfums, que Rossini enivrait de ses chants divins. Par Turin, Milan, Parme, Bologne, on gagna Florence. Là, Dumont reçut d'Ingres, pour qui il avait une lettre de recommandation, l'accueil le plus cordial. Le grand peintre le conduisit chez son ami Bartolini qui, devant les Français, ne manquait jamais de se vanter d'être un sculpteur français. Le plus vif étonnement du jeune pensionnaire dans l'atelier du rival de Canova fut causé par la vue de deux cents bustes au moins, tous ayant été exécutés en marbre. « Il est plus occupé que nos sculpteurs », écrit-il mélancoliquement à son père. Dans cette lettre où il donne sur le pays d'outre-monts sa première impression réfléchie, il ajoute : « Plus j'avance ici, plus je vois combien ce voyage est indispensable pour un

artiste » (1). Enfin les voyageurs prirent le chemin
de Rome. A quelques milles, aux environs de la
Storta, ils rencontrèrent une troupe joyeuse, partie
à cheval, partie montée plus prudemment sur des
ânes, qui accourait leur souhaiter la bienvenue ;
c'étaient les hôtes de la villa Médicis, accompa-
gnés des compatriotes de passage. Après avoir fait
au tombeau de Néron la halte traditionnelle et bu,
à plein verre, le petit vin sucré d'Orvieto, le voitu-
rin et son escorte entrèrent solennellement dans la
ville éternelle, le 4 janvier 1824.

Quelle fut l'émotion du nouvel arrivé quand,
ouvrant, à son réveil, sa fenêtre du Monte Pincio, il
aperçut au-dessous de lui « Rome entière comme
un vieux nid d'aigle abandonné » ! Heure fortunée
entre toutes celles de sa vie, où l'avenir chargé de
promesses lui souriait à l'égal du présent ! Il était à
Rome, dans la réalité de son rêve, porteur d'un
nom cher aux arts depuis un siècle passé, en possession d'un talent signalé par un brillant début,

(1) J'ai entre les mains toute la correspondance de Dumont avec sa famille pendant les années de pensionnat.
J'espère que le lecteur me saura gré d'en placer sous ses
yeux plusieurs fragments.

paré des grâces de la jeunesse et de la nature.
Bouchot a représenté, vers cette époque, celui que
les dames romaines désignaient de la façon la plus
reconnaissable en l'appelant le beau pensionnaire :
imberbe, avec de grands yeux superbement enchâs-
sés, des yeux d'un bleu clair qui se pénétraient de
douceur et de tendresse quand ils perdaient leur
expression ordinairement sérieuse, le nez un peu
fort mais d'un dessin ferme, le front large, ombragé
par une abondante chevelure châtaine, naturellement bouclée.

Lui-même nous donne l'impression que lui fit
éprouver sa nouvelle résidence, dans sa première
lettre de Rome (15 janvier 1824), où l'artiste s'efface
devant le fils pieux et le frère affectionné :

« La villa Médicis est un endroit charmant,
peut-être le mieux situé de Rome. Je m'y plairais
beaucoup, si je n'étais éloigné de vous. Mais toutes
les belles choses dont je viens de vous parler ne
peuvent me tenir lieu du bonheur que je goûtais
auprès de vous. Je suis souvent bien triste, le soir
surtout, quand, rentrant dans ma chambre, je me
trouve seul au moment où j'avais coutume d'être

avec vous. Je ne vois plus cette bonne maman, ni l'espiègle Constance, je n'entends plus le piano de Louise, ni la flûte d'Aristide, je ne puis plus causer avec papa. Il faut avoir du courage pour supporter tout cela. »

Dès le lendemain de son arrivée, il avait parcouru en tous sens la ville des Césars et des Papes et pris rapidement sa part de propriété des chefs-d'œuvre qui allaient lui appartenir pendant près de sept années. A la date du 15 avril 1824, il écrivait : « Rome devient tous les jours plus belle pour moi. Je commence à la connaître passablement, et je crois que quand je la quitterai, je connaitrai jusqu'au plus petit coin. Je ne puis exprimer ce que j'éprouve à la vue de ces temples, de ces arcs de triomphe, de ces cirques, de ces aqueducs, de ces tombeaux et de tous ces monuments élevés par les anciens Romains. Ma promenade favorite est le Campo Vaccino. Je vais souvent m'y promener le soir. Vous ne pouvez vous figurer le plaisir que j'éprouve à parcourir, par un beau clair de lune, les ruines du Colysée. Tout est alors dans le plus grand silence et rien ne vient distraire des pensées auxquelles on se livre. » Aussi connaissait-il Rome plus intimement encore que ceux qui en ont été le plus éperdûment épris, en amant ou en archéologue, comme Beyle ou Ampère. Sur la fin de sa vie, il étonnait par la fraîcheur et la netteté de ses souvenirs, les jeunes artistes revenus de la veille, les yeux encore pleins des merveilles de la ville unique.

Il employa la première année de son séjour, pendant l'ébauche du *Jeune Faune jouant de la flûte*, qu'il avait choisi pour son travail de copie, à meubler sa mémoire, tantôt visitant les églises, les palais, les musées, tantôt errant à l'aventure par les rues et les faubourgs, tantôt parcourant, de la Sabine à la mer, cette admirable campagne romaine. A tout moment, il est à Tivoli, à Frascati, à Albano, « où les femmes sont si belles », à Némi, à Terni ; il pousse même jusqu'à Cori à la recherche du domaine d'Horace (*Hoc erat in votis*), mais sans dépasser Pérouse, toujours à pied, le sac sur le dos, le bâton à la main, prenant gaiement son parti des mauvais repas et des nuits troublées par ces odieux ennemis que les entomologistes appellent

décemment des géocorises. Sans doute il demande
par-dessus tout à ces beaux lieux la satisfaction des yeux, les spectacles de l'art ou de la nature, mais il ne dédaigne pas de recueillir une
chronique d'autrefois ou un épisode romanesque,
de noter un de ces miracles à la saint Janvier,
ainsi que l'Italie superstitieuse ou candide dans ses
supercheries, en montrait même aux fils de Voltaire
et de Championnet.

Après avoir terminé sa copie et prouvé son habi-
leté à se servir du ciseau et de la râpe, il se mit en
devoir d'exécuter le bas-relief réclamé par l'Académie aux pensionnaires de seconde année. Le
sujet auquel il s'arrêta fut *Alexandre* assis et tenant
à la main une boule d'argent prête à tomber dans
l'urne placée à ses pieds, au cas où le sommeil le
surprendrait pendant le travail ; cette figure, d'une
composition agréable, d'une étude serrée, fut
soumise, en 1825, au jugement de l'Institut, avec
un buste de dame romaine très apprécié de Guérin et une tête de jeune fille coiffée d'une couronne. Le modèle de ce ravissant ouvrage (traduit
depuis en marbre, à plusieurs exemplaires) a été

l'héroïne d'un roman qui eut un dénouement douloureux, comme la plupart des vrais romans, ceux de la vie et du sang. Passionnément épris de l'aimable Rosa et dévoré du désir de s'unir à elle, Dumont avait écrit à sa famille pour annoncer ses projets. Au moment de confier la missive à la poste, il songea à son père vieilli et oublié dans la distribution des travaux, à sa mère et à sa plus jeune sœur qui comptaient sur lui pour assurer la dignité de leur existence ; alors, sacrifiant l'amour au devoir, il anéantit la lettre qui pouvait affliger, bouleverser les siens. Quelques lignes de la correspondance paternelle, de cette même année 1825, nous expliquent sa cruelle et virile détermination. « A présent plus que jamais on n'obtient quelque chose que par l'intrigue et les démarches basses et avilissantes. Comme je méprise de pareils moyens, je dois en conséquence avoir peu à espérer. »

« Que les temps sont changés ! »

Venir le plus tôt possible en aide à sa famille, était sa préoccupation constante. « Que fait papa maintenant ? A-t-il quelques travaux ? Je voudrais être à Paris afin qu'il ne travaillât plus. Encore un peu de patience, et je ferai en sorte qu'il n'ait plus qu'à se reposer. »

Pour sa troisième année d'étude, il devait une figure ronde bosse. Trois sujets l'attiraient, sur lesquels on le voit consulter son père et même M. Cartelier, par un sentiment de respectueuse condescendance envers un maître *ad honores* : *Ulysse reconnu par son chien*, *Psyché endormant le dragon*, *Bacchus tuant d'un coup de sarment le serpent envoyé contre lui par Junon*. « C'est un sujet, écrivait-il à propos du troisième, qui n'a pas été traité et qui présente une jolie nature à étudier. » Puis, se ravisant soudainement, il indique le projet qui l'a fixé. « J'ai fini l'esquisse de ma figure (avril 1826). C'est du gracieux que je vais faire. Le sujet est l'*Amour tourmentant l'âme*. D'une main il tient le papillon, symbole de l'âme, et l'approche d'un flambeau allumé, exprimant le feu dévorant dont il consume l'âme par lui maîtrisée. La tête est charmante à faire ; mais quelle difficulté de créer la tête de l'Amour, de lui donner ce sourire malin qui indiquerait le plaisir éprouvé par ce dieu en voyant

les maux qu'il fait souffrir ! Il faudrait pouvoir réussir comme le Tasse dans le portrait qu'il a tracé :

> Egli, benchè sia vecchio
> E d'astuzia e d'etade,
> Piccolo si, che ancor fanciullo sembra
> Al volto ed alle membra... »

Cinq mois après, il avait donné une forme à cette
ingénieuse idée, tirée de ses propres entrailles et
qui trahissait le secret d'une blessure toujours sai-
gnante. *L'Amour tourmentant l'âme* est une œuvre de
fraîche jeunesse, aussi charmante de composition
que d'étude. La pose du dieu est gracieuse, naturelle et vraie; la tête, tout à fait réussie, respire
cette malice naïvement cruelle que l'artiste estimait
si difficile à rendre. Lorsque Guérin, qui dirigeait
l'Académie de France avec la haute autorité du talent et du caractère, vint voir la statue de son pensionnaire préféré, il s'écria : « Il faut l'envoyer à
Paris, en marbre ! » Dieu sait si cette exclamation
répondait au désir de Dumont, mais ses uniques
ressources provenant de la munificence de l'Etat,
il se trouvait dans l'impossibilité de pourvoir aux
dépenses occasionnées par l'acquisition du marbre

et le salaire du praticien ; il ne le cacha pas au
directeur. « Ne suis-je pas là ? répliqua celui-ci.
J'espère que vous ne me refuserez pas une avance
de mille francs. Vous me rembourserez sur la vente
de votre statue. » Dumont, pénétré d'émotion et de
reconnaissance, accepta sur-le-champ l'offre généreuse qui lui permettait de réaliser une espérance
ajournée à des temps plus prospères. Le marbre
immédiatement acheté et livré au praticien, il mit
à profit ses loisirs et, prenant la grande volée, partit
pour l'Italie méridionale (avril 1826).

Naples ne lui causa pas l'enthousiasme consacré
par un dicton qu'il n'est plus permis de répéter.
Il exhale son mécompte en homme familier avec
les classiques : « Enfin me voilà chez moi, dans
une vilaine petite chambre située dans une vilaine
petite rue sale, ayant devant moi une grande maison qui m'empêche de voir le ciel. La nuit, c'est un
bruit épouvantable, je ne puis fermer l'œil. Quand
les uns se couchent, les autres se lèvent. Si je sors,
je suis heurté par un polisson, un autre me crie
dans les oreilles, une voiture m'éclabousse, on
manque de m'écraser, enfin je crois que c'est la

ville du diable, et peut-être encore le diable y perdrait-il la tête. Le séjour de Rome, cette ville si calme et si imposante, m'a probablement fait perdre l'habitude des villes peuplées et bruyantes. » Et puis, ce qui ne contribuait pas peu à alimenter sa méchante humeur, il était venu à Naples surtout pour voir et dessiner les antiques, et il ne pouvait arriver à se faire ouvrir les portes du sanctuaire. « Croirez-vous que depuis vingt jours que je suis ici, je n'ai pas encore pu avoir ma permission pour travailler au Musée ? Que d'ennuis on éprouve dans ce maudit pays ! Tout cela est la faute de notre ambassadeur, qui est très négligent quand il s'agit d'être utile à ses compatriotes. Le diable soit de lui et de ses secrétaires ! » Cet ambassadeur, fidèle aux traditions de la diplomatie française de tous les régimes, était M. le duc de Blacas d'Aulps ; trop grand seigneur, au surplus, comme le constatait Guérin avec amertume, pour stimuler le zèle des autorités napolitaines en faveur d'un simple artiste. A peine Dumont venait-il d'obtenir sa permission que le Musée fut fermé pendant quinze jours et mis à la disposition des artistes modernes, pour

leur exposition annuelle. Il se sauva de Naples et, en
guise de consolation, monta deux fois au Vésuve.
Les distractions ne lui manquaient pas. Pompeï
et Herculanum auraient suffi à satisfaire sa curiosité
et l'envie dont il était possédé de compléter son
éducation artistique. Pour voir du nouveau, il
décida M. Jean Gigoux à le suivre à Pæstum, ce
qui constituait, à cette époque, une entreprise assez
périlleuse. « Quel intéressant voyage que celui
de Pæstum ! Que la route est belle et pittoresque !
Je n'oublierai jamais les trois jours que j'y ai
employés. Partout des villages charmants ; mais
Salerne est la seule ville importante que l'on
rencontre. La cathédrale conserve des antiquités
curieuses trouvées à Pæstum. J'y ai vu plusieurs
tombeaux antiques et un triomphe de Bacchus
à côté d'un Christ : le contraste est étrange, mais il
n'est pas rare en Italie. Je me souviens d'avoir vu
dans la sacristie de la cathédrale de Sienne, un
groupe des trois Grâces, entièrement nues... J'ai
passé le fleuve Silaro et suis entré dans la plaine de
Pæstum. D'une ville si ancienne et si puissante
que reste-t-il aujourd'hui ? Trois temples ! C'est la

première architecture grecque qui s'offre à mes regards. Pendant trois heures, errant au milieu des ruines, je n'ai cessé de les admirer. Quelle simplicité! quelle majesté! quelle admirable harmonie de proportions! En approchant du grand temple, un serpent sortit des broussailles; en entrant dans le sanctuaire, une nuée de corbeaux s'envola du milieu des débris. Tels sont donc, à cette heure, les habitants d'un édifice où un peuple entier se rendait en foule pour adorer la divinité! Quelques masures éparses autour de ces précieux restes de l'antiquité servent à loger de misérables pâtres qui, seuls, troublent du son de leur flûte barbare le silence parlant de ces lieux! »

A son retour à Naples, l'exposition des artistes modernes, dont le plus en vue était le séduisant Cottrau, hôte assidu des salons de la reine Hortense réfugiée à Rome, était close. « Je passe presque toutes mes heures au Musée. J'aime les beaux-arts plus que jamais. Je regrette le temps perdu, je ne pense plus qu'à travailler. L'amour de la gloire s'est, je crois, décidément emparé de moi. Je voudrais pouvoir devenir un homme! » Et à l'approche du départ : « J'ai beaucoup travaillé ici. Ce voyage n'a pas été pour moi un voyage de repos. J'ai fait une cinquantaine de croquis très arrêtés. » Beaucoup de ces croquis sont de superbes dessins que n'aurait désavoués aucun de ses camarades peintres. Il ne pouvait s'arracher à la contemplation des chefs-d'œuvre repris aux cendres de Pompeï ou aux laves d'Herculanum. Les peintures étaient l'objet d'une étude persévérante ; il cherchait à surprendre la grâce et l'abandon répandus dans ces fragments d'un art exquis. Hors des salles du Musée, son crayon ne restait pas inactif ; la rue, le port, la campagne lui offraient à chaque pas des modèles et des sujets. Les pages de son album sont couvertes de croquis pris en courant, dans le creux de la main et de l'accent le plus sincère : ici une contadine aux atours pittoresques, là un facchino, un pêcheur dont le geste est expressif, l'allure mouvementée, souvent un groupe d'hommes ou de femmes formant tout naturellement la plus heureuse composition.

Malgré les séductions de Naples avec laquelle il s'est réconcilié. et des sites qui l'environnent, sa

prédilection est pour Rome. « Je ne saurais vous
dire le plaisir que j'éprouvais en approchant de
cette belle ville. Ses campagnes désertes sont pré-
férables pour moi aux jardins délicieux du royaume
de Naples. On admire cette campagne cultivée, ces
jardins d'orangers, de myrtes, d'oliviers ; on pense
lorsqu'on est au milieu de cette plaine immense,
couverte de tombeaux, d'aqueducs, de monuments
enfin, restes de la grandeur d'un peuple. »

En rentrant, il trouva sa figure ébauchée ; il la
reprit avec un soin extrême, lui donnant ce fini
auquel le praticien le plus exercé ne saurait atteindre et qui est la marque personnelle, la signature
du maître. A l'exposition des ouvrages des pensionnaires, elle obtint un succès de bon augure.
« Je n'ai pas lieu, écrivait-il à un ami dans un ton
qui n'est pas ordinairement celui de sa correspondance, d'être mécontent de l'accueil qu'on a fait
ici à mon jeune polisson. Je souhaite qu'il soit reçu
de même à Paris. » Le souhait ne manqua pas d'être
accompli. *L'Amour tourmentant l'âme*, après avoir
été, à l'Académie des Beaux-Arts, l'objet d'un rapport favorable, fut compris dans les acquisitions

faites par le Roi au Salon de 1827. Duret, qui avait quitté Rome avant la fin de sa pension, formulait ainsi son impression de Parisien : « Je me suis empressé d'aller au Louvre, et j'y ai pu voir encore une partie des ouvrages achetés et commandés par le gouvernement. Sans vouloir te faire de compliment, ta figure est une des mieux du Salon. » Auprès d'elle étaient rangés le groupe de Ramey, *Thésée combattant le Minotaure,* celui de Roman, *Euryale et Nisus,* le *Chasseur blessé* de Petitot et le *Spartacus* de Foyatier. L'éloge avait donc doublement son prix.

Tout en mettant la dernière main à son *Amour,* Dumont s'était préoccupé de l'envoi de cinquième année, le plus important de tous, celui qui souvent classe l'artiste et lui assigne son rang définitif. Il avait hésité entre deux sujets héroïques, d'une importance considérable : *Ulysse tué par son fils Télégone et mourant dans ses bras, Harmodius et Aristogiton.* Plusieurs croquis de ce dernier sujet ont été retrouvés dans ses cartons, un entre autres, de la plus fière tournure et que possède actuellement son confrère et fidèle ami, M. Robert Fleury.

Il se détermina pour un groupe moins compliqué, *Bacchus enfant élevé par la nymphe Leucothée.* « Malgré les grandes chaleurs que nous éprouvons depuis une huitaine de jours, je viens de commencer mon modèle. Vous voyez que je me donne une tâche assez difficile. Deux raisons m'ont engagé à faire ce groupe. D'abord parce que cet ouvrage étant le dernier que je ferai à Rome, je ne suis pas fâché d'étudier ce que je n'ai jamais étudié, une femme, un enfant et des draperies. Ensuite parce que pouvant placer deux figures dans un bloc de marbre de la grosseur de ceux que l'Académie nous accorde, je pourrai produire un travail plus important (7 juillet 1827). » Dans le milieu de mars de l'année suivante, le groupe était achevé. N'étant plus retenu dans son atelier, il décrocha le bâton du voyageur et partit avec un compagnon bien-aimé, Émile Seurre, son heureux rival dans le concours de 1831, pour la statue de Napoléon.

La Sicile était l'objectif des deux amis ; ils débarquèrent à Palerme, trop tôt pour voir les fêtes magnifiques célébrées par la ville en l'honneur de sainte Rosalie. Le voyage n'est pas très commode

en Sicile, dans notre époque de progrès matériels,
en 1828 il l'était moins encore. Il fallut renoncer
aux habitudes pédestres dans des sentiers aussi
impraticables pour les piétons que pour les voi-
tures. C'est presque toujours à cheval, précédés
d'un guide, qu'ils firent le tour de l'île, à travers
les ruines et les misérables villages du pays, dinant
à la grâce de Dieu, dormant, tantôt dans une
auberge délabrée, tantôt dans une hutte de paysan,
quelquefois sous la voûte étoilée. Un soir, entre
Selinonte et Girgenti, ils eurent l'honneur d'être
logés aux frais d'une municipalité. « Arrivés à
Menfrici, nous sommes arrêtés par les gardes et
conduits, sous bonne escorte, chez le syndic, qui
commande qu'on nous donne l'hospitalité. Toujours entourés d'hommes armés, nous sommes
menés dans une vieille maison dont on ferme les
portes, et on nous introduit dans une pièce sans
autre mobilier que les murs; un peu de paille, et
nous voilà couchés. » A Syracuse, ils aperçoivent
dans le port une Speronara prête à faire voile vers
l'île de Malte avec un chargement de cerises; le
patron les hèle, et voilà nos chercheurs d'inconnu

qui voguent vers La Valette. Quelques heures de traversée pour entendre la musique d'un régiment anglais, c'était acheter son plaisir à bon marché, mais quel retour ! Les vents contraires les tiennent cinq jours et sept nuits en vue de Catane, ayant pour toutes provisions un peu de pain moisi. De Catane où il rencontra Brascassat, avec lequel il se lia de la plus étroite amitié, Dumont termina par Messine et Reggio l'excursion qu'il avait failli poursuivre jusqu'à Athènes et qu'il abrégea, le cœur gros, faute d'argent. Le désir des voyageurs était de revenir à Rome à travers les montagnes de la Calabre. L'antiquité disait *Calabria ferox ;* l'épithète était encore juste, et sous le sceptre des Bourbons, les brigands y tenaient paisiblement la campagne. Bien que les sacs et les bourses de nos deux artistes fussent maigrement garnis et qu'ils eussent des mines assez rebarbatives, grâce à leurs longues moustaches, pour avoir épouvanté la population des îles Lipari, ils renoncèrent, sur les conseils des gens du pays, à leur imprudent projet et rentrèrent à la villa Médicis par des routes plus sûres.

Dumont a résumé ses impressions de voyage dans une lettre adressée, des lieux mêmes, à un ami, et dont j'extrais une quarantaine de lignes. Peut-être ne les lira-t-on pas sans intérêt. C'est un coup d'œil jeté sur la Sicile d'il y a cinquante-six ans : « Tu dois comprendre le plaisir que j'ai éprouvé à parcourir cette terre classique. Les ruines de Selinonte, de Ségeste, de Girgenti, de Syracuse, cette ville fameuse, ont été pour moi une source de souvenirs et de jouissances. Je suis monté au sommet de l'Etna. Quel terrible phénomène ! Les mugissements épouvantables du volcan, la fumée qui sortait du cratère, les nuages qui roulaient à mes pieds, tout ce mélange de beau et d'horrible me faisait une impression qui jamais ne s'effacera de ma mémoire. J'éprouvais un froid aussi vif que dans les jours les plus rigoureux de nos hivers. Je marchais sur la glace, la neige me couvrait de la tête aux pieds, et c'était le 9 juin... La végétation est admirable, surtout dans les environs de l'Etna ; nous avons mesuré deux arbres, dont l'un a trente-cinq pieds de circonférence et l'autre soixante. Le palmier, le laurier-rose, l'aloès, le myrte, le figuier

d'Inde, l'oranger, le citronnier y croissent en abon-
dance et font l'ornement des routes. Généralement
le peuple est laid. Je n'ai pas rencontré ces beaux
types grecs que je m'attendais à y voir. Ce pays a
été habité par trop de nations diverses, il en est
résulté un mélange qui a tout dénaturé. Il faut
ajouter que le peuple est dans la dernière misère,
ce qui, je crois, contribue à l'enlaidir un peu plus.
Comment des gens qui souffrent toujours et qui
ont à peine de quoi se nourrir pourraient-ils ne
pas dégénérer en se reproduisant ? Le spectacle
d'une si grande misère dans ces belles contrées où
il semble que le bonheur devrait être le lot de
tout ce qui respire, est une chose qui attriste et
afflige profondément. Malheureux peuples, pourquoi restez-vous esclaves ? Brisez vos chaînes et
vous serez heureux ! Sous le rapport des beaux-
arts, l'architecture offre seule de l'intérêt. Les temples de Ségeste et celui de la Concorde à Agrigente
sont de la plus belle conservation et des modèles
de goût, de pureté et de noblesse, enfin ce sont
des temples grecs. En sculpture, je n'ai trouvé
de bien qu'un sarcophage dans la cathédrale

d'Agrigente et une Vénus à Syracuse, encore ne sont-ce pas des ouvrages de premier ordre. Quant à la peinture, toujours les mêmes saints et les mêmes madones dont j'ai par-dessus la tête (1) ; mais j'ai longuement admiré les belles collections de vases grecs et étrusques. »

De 1828 à 1829, de la chute du ministère Villèle à l'avènement du ministère Polignac, la France eut pour la représenter auprès du gouvernement pontifical le plus illustre de ses enfants, Chateaubriand. Le grand écrivain ne ressemblait pas à M. de Blacas ; il s'était mis en frais et déployait, pour gagner les bonnes grâces des artistes, autant de coquetterie que s'il eût eu à conquérir des cœurs féminins. Il avait accepté une invitation à la villa Médicis, à la table de Guérin, et le 13 décembre 1828, en racontant sa réception à Mme Récamier, il se montrait aussi content des autres que de lui-même. « Mon diner à l'Académie s'est passé à merveille. Les jeunes gens étaient satisfaits. Un

(1) A cette époque, la peinture des artistes primitifs ne plaisait pas au goût français. Dix années plus tard, Dumont aurait exprimé une opinion toute différente.

ambassadeur venait diner chez eux pour la première fois. » L'auteur des *Mémoires d'outre-tombe* ne s'était pas trompé sur l'effet produit par sa présence, comme nous le prouve un passage d'une lettre de Dumont écrite le 12 du même mois. « Il est impossible d'être plus aimable que notre nouvel ambassadeur. » Il l'était pour les vivants et aussi pour les morts, car, on le sait, il fit élever à ses frais, dans l'église San Lorenzo in Lucina, un monument à Poussin.

La pension de Dumont et le directorat de Guérin prenaient fin avec l'année 1828. Tous deux restèrent à Rome, le pensionnaire retenu par son travail, le directeur arrêté par la maladie dont il souffrait depuis longtemps, et qui devait le faire languir encore cinq ans. Horace Vernet remplaça Guérin dans ses délicates fonctions ; celui-là, aussi vif, aussi remuant que l'autre était grave. Chateaubriand, en quelques coups de sa plume plus colorée que la brosse des peintres de *Didon* et du *maréchal Moncey*, nous les peint tous les deux dans leur attitude si opposée. « Guérin est retiré, comme une colombe malade, au haut d'un pavillon de la villa

Médicis. Il écoute, la tête sous son aile, le bruit du
vent du Tibre. Quand il se réveille, il dessine à la
plume la mort de Priam. H. Vernet s'efforce de
changer sa manière ; y réussira-t-il ? Le serpent
qu'il enlace à son cou, le costume qu'il affecte, le
cigare qu'il fume, les masques et les fleurets dont
il est entouré, rappellent trop le bivouac. »

Dumont avait encore augmenté la tâche déjà
lourde qui retardait son départ, en acceptant, avec
empressement d'ailleurs, de reproduire l'image d'un
artiste qu'il admirait, d'un homme qu'il vénérait.
Il était d'usage que le plus ancien des pensionnaires sculpteurs se chargeât de faire le buste du
directeur de l'Académie. « Jusqu'à cette époque,
écrit Dumont à ses parents impatients de le revoir,
M. Guérin avait toujours refusé, dans la crainte de
me retarder pour ma figure et parce que, disait-il,
il n'avait pas une tête qui se prêtât à la sculpture.
Aujourd'hui, cédant aux instances de M. Vernet
et de sa famille, il a désiré que je le fisse. »
Destiné à orner le salon de la villa, en témoignage
de la reconnaissance des pensionnaires, ce buste a
été placé, depuis, sur le tombeau de Guérin, dans

l'église Saint-Louis des Français, au palais de l'Institut, au musée du Louvre. Le buste de Guérin est un des beaux bustes du siècle, d'une vérité intime et pénétrante. Le grand peintre respire dans le marbre, et aujourd'hui encore M. Robert Fleury, en se rendant dans la salle des séances de l'Académie des Beaux-Arts, ne peut passer devant lui sans s'arrêter et le saluer d'un regard respectueux, comme aux jours lointains où il rencontrait le modèle de cette vivante copie en promenade sur le Pincio. MM. Bourdon et Léon Cogniet, commissaires de la souscription pour le monument de leur maître, s'exprimaient ainsi, en remerciant Dumont de son concours : « On a fait de Guérin plusieurs portraits, mais il vous était réservé de faire illusion à ses amis les plus intimes et de donner à nos successeurs une image précise de cette physionomie si bien en rapport avec son beau caractère. »

En avril 1830, le groupe de *Leucothée et Bacchus* était transporté dans le vestibule du palais de l'Académie, transformé tous les ans, pour une semaine, en salle d'exposition. Le succès fut

immense. La princesse Hélène, femme du grand-
duc Michel, le plus jeune frère du Tzar, était à
Rome à cette époque, royalement fêtée par Chateaubriand. Elle avait vu la *Leucothée* dans l'atelier
de l'artiste et fait auprès de lui les plus pressantes
tentatives pour acquérir son ouvrage et l'emporter
en Russie. D'autre part, l'ambassadeur qui avait
succédé à Chateaubriand, M. le comte de la Ferronnays et Horace Vernet demandèrent pour
l'auteur une récompense aussi éclatante qu'excep-
tionnelle, la croix de la Légion d'honneur. Le ministre refusa d'accueillir cette proposition, objec-
tant qu'on ne pouvait accorder à un élève une
récompense si élevée et qu'il fallait attendre au
moins le jugement du public français et l'appré-
ciation de l'Institut. M. de la Ferronnays ne se tint
pas pour battu ; les événements politiques l'em-
pêchèrent seuls d'en venir à ses fins. Mais si Dumont pouvait éprouver une juste fierté d'être
l'objet d'une si flatteuse distinction, un témoignage
que le hasard lui offrit remplit son cœur d'une
satisfaction plus stimulante encore. Il était entré
un matin dans la salle d'exposition ; un seul visiteur

s'y trouvait. Arrêté devant le groupe de *Leucothée
et Bacchus*, il l'examinait sous tous les aspects, soi-
gneusement, attentivement, s'approchant, se recu-
lant, se baissant, le détaillant morceau par morceau, exprimant par ses gestes, par les mouvements
de sa tête , l'admiration la moins équivoque.
Dumont se tenait près de la porte, immobile, le
cœur palpitant ; il avait reconnu Thorvaldsen.
Quand l'illustre sculpteur danois aperçut son jeune
confrère, il se précipita à sa rencontre et le
serrant dans ses bras, le consacra maître par une
accolade, comme aux temps chevaleresques.

Le groupe de *Leucothée* est une date dans la carrière de Dumont. Je ne dirai pas que c'est son
ouvrage le plus parfait (car il faudrait établir un
parallèle entre des productions de caractères si
divers qu'il est tout au plus permis de laisser per-
cer une préférence), mais c'est celui pour lequel il
avait au fond du cœur une inclination sensible,
celui qui, d'emblée, le plaça hors de pair. Les lec-
teurs, auxquels s'adressent ces notes, l'ont tous
devant les yeux. La nymphe est assise, portant sur
les genoux le divin nourrisson ; sa main droite

presse une grappe de raisin, sa main gauche tient la coupe où s'allaite le futur vainqueur de l'Inde, dans une pose charmante, dont l'abandon est un secret ravi aux peintures pompéïennes. C'est l'enfant dans toute la vérité de sa grâce naïve, et en même temps, c'est un dieu. La tête de Leucothée, au contour si pur et si fin, a tous les signes de la beauté antique, et son corps est modelé par une main amoureuse de la forme, caressante et savante. Les draperies sont d'un style simple et large à la fois. Si l'on voulait examiner séparément les morceaux d'une œuvre si harmonieuse d'ensemble, il conviendrait d'appeler l'attention sur le dos de la nymphe, traité avec une ampleur sans égale. La sensation qu'on éprouve devant ce groupe est celle que doit donner la sculpture. Là, rien qui soit fait pour les sens, rien qui cherche à fasciner le regard par des artifices d'exécution. L'artiste ne s'adresse qu'aux plus nobles passions de l'âme humaine ; c'est sur l'âme qu'il prétend agir pour rester digne de son art, digne de lui-même, et l'âme ne s'émeut que devant l'idéale beauté qu'elle poursuit comme un reflet de l'infini.

. Enfin le moment était venu de quitter cette Rome, où il aurait désiré passer ses jours, dans un coin choisi, à l'ombre de la *Santa Trinità de'Monti*, entre la maison de Poussin et celle de Claude Lorrain, si la terre natale ne lui eût gardé une famille vénérée, qui avait besoin de lui. Toutefois il s'en retourna à petits pas, par le chemin des écoliers. A Venise, il retrouva son camarade Guillon qui, dégoûté des noires et des blanches à la suite de l'insuccès de *Maria di Brabante*, sur le théâtre de la Fenice, s'était marié avec une fille des lagunes et gagnait, bon an, mal an, trente mille francs à élever des vers à soie. Traversant toute la Lombardie, il alla s'embarquer à Gênes et rentra en France par Marseille. Le 1er août, en entrant à Auxerre, il vit flotter le drapeau tricolore et fut arrêté par la population pressée d'effacer de sa voiture les armes royales. Le 2, il était à Paris et dut franchir les barricades pour aller se jeter dans les bras de ses parents.

IV

Le premier travail confié à Dumont fut la figure
en marbre de la *Justice* placée dans la salle des
séances de la Chambre des députés. Il venait à peine
de terminer cet ouvrage d'un caractère imposant,
d'une belle et noble tournure, drapé avec le goût et
la science qui distinguent ses productions entre
toutes celles de ses émules, et dont ses élèves ont
recueilli et transmettent l'héritage, quand parut,
le 8 avril 1831, une ordonnance conçue en ces
termes : « La statue de Napoléon sera rétablie sur
la colonne Vendôme ». A cette lecture, son imagination s'échauffa, il revit le héros qui avait traversé
un des jours de son enfance et dont sa mémoire
avait conservé l'image resplendissante, et il résolut
de prendre part au concours ouvert par le gouvernement. Ce fut la seule fois que, durant sa longue
carrière artistique, il se soumit à une de ces
épreuves en vogue aujourd'hui et profitables sur-

tout aux administrations qui tiennent à dégager leur responsabilité. Rarement le vainqueur est apte à profiter de la victoire due, soit au hasard d'une inspiration qui n'a pas de lendemain, soit quelquefois aux dispositions préconçues des juges.

A cette date, Duret et lui vivaient dans un commerce quotidien, un épanchement sans réserve de cœur et d'esprit ; ils surent donc tout de suite qu'ils allaient se mesurer l'un contre l'autre. De la première lutte où ils avaient été rivaux, ils étaient sortis vainqueurs tous les deux. La seconde ne pouvait donner un résultat aussi satisfaisant pour les intérêts et l'amour-propre. Leur amitié s'ingénia à égaliser les chances, et ils se présentèrent au concours avec une esquisse faite en commun.

Ils avaient représenté l'Empereur, tête nue, dans le costume des chasseurs de sa garde, le manteau rejeté sur les épaules, serrant de la main droite le traité de Presbourg, la plus glorieuse page de son règne. Les artistes qui composaient le jury n'eurent pas d'hésitation, et ils désignèrent l'œuvre de Dumont et Duret comme la plus remarquable ; mais les membres de l'ordre politique et administratif, en majorité dans la réunion, cédant au charme irrésistible de la légende et de la chanson :

> « Il avait petit chapeau
> « Avec redingote grise »,

accordèrent la préférence au modèle d'Émile Seurre.

Le succès de *Leucothée et Bacchus*, au Salon de cette présente année, consola Dumont d'un échec où l'honneur était sauf et que l'avenir devait se charger de réparer. Pour ce groupe, où la grâce et la science se fondent et se confondent, Paris eut les yeux de Rome. « C'est du grec ! » s'écria Gros, en pleine Académie. Et Garnier, unissant dans un même et délicat hommage le père et le fils, le maître et l'élève, n'appela plus son vieil ami Jacques-Edme que le grand-père de *Leucothée*.

Les années 1831 et 1832, désolées par la guerre civile et le choléra, et si peu propices aux arts, laissèrent Dumont sans travaux. Ne pouvant se résigner à attendre les commandes, il prit le parti d'exécuter une figure d'étude pour le Salon et de traiter un sujet éclos depuis longtemps dans son cerveau et mûri par une patiente réflexion. Sa correspondance d'Italie nous le découvre dans l'ardeur généreuse de la jeunesse, l'âme vibrant au souffle de la liberté, maudissant le joug imposé à l'ancien peuple-roi, rêvant de faire jaillir du marbre les images héroïques d'Harmodius et d'Aristogiton. La révolution de juillet avait donné un nouvel et puissant aliment à ce feu qui dévorait la génération née avec le siècle. A cette coïncidence des aspirations et des événements est dû le *Génie de la Liberté*. Voilà pour l'idée, mais quant à la forme dans laquelle Dumont allait la traduire, elle lui était apparue en une circonstance curieuse à rapporter et de nature à dérouter les critiques. Devant ces singulières évolutions de l'esprit humain, allez donc vous livrer à la recherche des sources originales ! A quelles erreurs, à quelles mystifications, investigateurs et curieux, ne sommes-nous pas exposés ? Croira-t-on que l'auteur du *Génie* conçut la plus hardie de ses compositions, un jour de Pâques, en apercevant le Pape donner de la fenêtre de Saint-Pierre sa bénédiction à la foule agenouillée ? Cette grande figure qui, les bras étendus, s'enlevait dans les airs et semblait planer sur le monde, émut profondément son âme d'artiste et lui donna la vision qu'il devait réaliser en la transformant étrangement.

La première semaine de 1833 vit achever le modèle du *Génie*, auquel un juge d'une compétence et d'une autorité incontestées, rendait ce bel hommage, dans un discours (1) où je compte puiser plus d'une fois : « Par la vérité et par la noblesse des formes qu'elle présente, cette figure est une des plus belles qu'ait produites l'art contemporain (2). On peut dire que c'est un chef-d'œuvre et peut-être le chef-d'œuvre du maître ».

La destinée du *Génie* ne tarda pas à être fixée. Ne s'imaginerait-on pas que le Gouvernement attendait l'instant où l'œuvre de Dumont serait prête, pour décider l'érection sur la place de la Bastille,

(1) Discours prononcé aux funérailles de M. A. Dumont, le mercredi 30 janvier 1884, par M. Guillaume, président de l'Académie des Beaux-Arts.

(2) Il ajoutait : « Je n'hésite pas à le dire : à ce titre, elle mériterait d'être fondue en bronze pour occuper au Louvre la place qui lui est due, ou pour être donnée comme exemple à l'école des Beaux-Arts». Ce vœu a été entendu. L'administration des Beaux-Arts a décidé de faire fondre en bronze cet admirable modèle, pour le mettre à la place qui lui est due, au Louvre.

d'une colonne commémorative, en l'honneur des combattants de juillet ? Elle était, en effet, le couronnement naturel de ce monument. L'auteur en jugea de la sorte, car il s'empressa de solliciter une audience de M. Thiers, ministre du commerce, avec les beaux-arts dans son département. M. Thiers qui, dans la vie privée comme au pouvoir, a toujours apporté la plus grande aménité dans ses relations avec les artistes, et qui s'était acquis parmi eux de durables sympathies, fit un excellent accueil au jeune statuaire et lui promit sa visite. Après avoir donné des rendez-vous auxquels il manqua plusieurs fois, le ministre vint frapper, à l'improviste, à la porte de l'atelier que Dumont a occupé jusqu'en 1845, impasse Vavin, dans une maison appartenant à son ami Droz. L'artiste non prévenu ne s'y trouvait pas. M. Thiers n'était pas homme à se déranger pour rien, et il pénétra dans l'atelier par effraction. Livré à son propre goût, il avait un sentiment des arts qui le guidait heureusement. « C'est bien, dit-il, au premier coup d'œil jeté sur cette statue d'une allure hardie, d'un jet grandiose. Voilà ce qui convient à la

colonne ! » Le lendemain, Dumont recevait avis
que sa figure lui était commandée « dans une
proportion de douze pieds quatre pouces ». La
lettre officielle se terminait par cette phrase éton-
nante que les écrivains bureaucratiques n'ont
jamais failli à se transmettre aussi religieusement
que les coureurs de Lucrèce, leurs flambeaux :
« J'aime à penser, Monsieur, que vous donnerez
tous vos soins à l'exécution du monument important que l'Administration confie à votre talent. »

Le grand modèle, terminé au mois de septembre
1834, fut fondu dans les ateliers de Soyer et d'Ingé
en mai 1835, placé sur la colonne le 29 avril et
découvert solennellement le 28 juillet 1840. Le
Moniteur du 2 mars 1836 avait annoncé, dans le
même entrefilet, que Dumont était nommé chevalier de la Légion d'honneur, par ordonnance du
27 février, et que la statue colossale du *Génie de
la Liberté*, exposée dans les ateliers des fondeurs,
était visible tous les jours pour le public.

Quelques semaines avant de recevoir la commande du *Génie*, Dumont avait été chargé d'exécuter, pour la salle ordinaire des séances, au palais

de l'Institut, une des six statues en marbre qui la
parent, celle qu'il aurait assurément choisie, s'il
avait été consulté avant la distribution, Nicolas
Poussin. Son admiration pour ce penseur sublime
était sans bornes. Il l'a représenté dans une attitude grave, l'œil pensif, le front chargé de médi-
tations, mettant dans son œuvre, selon une observation aussi juste que judicieuse, un peu de sa
propre individualité. Dans l'âge de la maturité surtout, Dumont rappelait par la forme de certains
traits, comme par le sérieux du maintien et l'expression mélancolique du regard, le grand peintre
qui a si profondément imprimé sur ses productions
le sceau du génie français.

Dès sa première figure historique, le maître s'af-
firme, sûr de lui-même, dans un genre où il n'a
pas été surpassé. Après nous avoir rendu le Poussin, il n'a pas été moins heureux à faire revivre
dans le marbre le gentilhomme couronné dont Ti-
tien a consacré la mine fière et la stature superbe.
Poussin, François Ier ouvrent cette admirable galerie
où sont venus prendre place *saint Louis, Philippe-
Auguste, Buffon, Bugeaud, La Bourdonnais, Davout,*

Humboldt et tant d'autres que nous aurons à étudier.

En 1836, la situation de Dumont, considérable parmi ses confrères, le désignait aux faveurs de l'Administration. Aussi la direction des Musées royaux s'adressa-t-elle à lui, quand elle voulut enrichir de la statue du roi les galeries du palais de Versailles. Représenter le souverain est un honneur dangereux. En présence d'un personnage qui a le droit de dire « je veux », sous une forme plus ou moins impérative, l'homme et l'artiste perdent leur indépendance. Je pourrais nommer un peintre des plus estimés et des plus regrettés parmi nos contemporains, qui n'eut pas à se louer d'avoir été choisi pour reproduire une auguste image. Et puis les rois ou les empereurs n'aiment guère à poser ; ce serait le moindre mal s'ils n'attachaient pas plus de prix à la ressemblance que Napoléon Ier. Louis-Philippe consentit à accorder à son sculpteur une séance de deux heures, pas une minute de plus ; elle eut lieu, au château de Neuilly, au mois de juillet, sous les feux du Lion. Le monarque fit bonne contenance pendant la première demi-heure, mais la fatigue et l'ennui ne tardèrent pas à

prendre le dessus, et il ne put dissimuler un bâille-
ment de qualité royale. Il se tira d'affaire en homme
d'esprit. « Je vous demande pardon, Monsieur Dumont, dit-il, mais je viens de présider le conseil des
ministres, et le conseil s'exhale. » L'artiste sut mettre
à profit cette courte séance pour modeler un buste
d'un accent saisissant, d'une réalité surprenante (1).
Je ne crois pas que la statue de Louis-Philippe soit
de celles que Dumont prisait le plus dans son œuvre.
Cependant elle ne déplut pas aux contemporains,
quand ils la virent en marbre, au Salon de 1838, et
j'en relève le témoignage dans un compte rendu du
temps. « Dans la statue du roi par M. Dumont on
reconnaît un statuaire d'un grand talent et d'un
goût parfait ; l'artiste a su tirer tout le parti possible de notre costume si ingrat, si rebelle aux exigences de la sculpture ; la pose est simple et conve-
nable, la tête a beaucoup de ressemblance et de
physionomie ; peut-être y a-t-il un peu trop de plis
dans le pantalon ; c'est la seule critique (2) à la-

(1) On peut le voir au château de Chantilly.

(2) « Elle n'est pas fondée, me dit un éminent sculpteur,
qui veut bien m'éclairer de ses conseils ; les plis du pan-

quelle pourrait donner lieu cette belle figure. »

Le peintre, maître de ses manifestations, peut se renfermer, se concentrer dans le cercle où son talent se plait et s'épanouit. Tout autre est le sort du sculpteur, moins libre d'écouter la Muse qui le séduit, gêné dans son invention, obligé de se plier à tous les genres et de produire tour à tour des ouvrages d'un caractère absolument différent. Cette nécessité, qui lui est imposée par la nature même de son art essentiellement décoratif, et aussi par des exigences d'un ordre plus matériel, il serait injuste de la maudire. Elle le contraint à des recherches et à des efforts incessants, elle le retrempe et le renouvelle. « Diversité c'est ma devise », pourrait dire, à plus juste titre que le conteur, le statuaire qui passe subitement du profane au sacré, de Louis-Philippe en uniforme de lieutenant général à la Mère de Jésus-Christ.

Dumont eut à faire la statue de la *Vierge* pour l'église Notre-Dame-de-Lorette, que décoraient

talon sont irréprochables. » Il est bien difficile à un simple amateur d'écrire sur les arts, à moins qu'il n'ait un guide auprès de lui. Encore faut-il choisir ce guide avec discernement.

Orsel et Périn, ces peintres austères et convaincus, dont l'amitié fut l'encouragement et l'orgueil de sa vie. Placée dans la chapelle d'Orsel, cette *Vierge* au front candide et modeste, qui joint avec tant d'onction ses mains exquises, respire le sentiment religieux dont sont imprégnées les belles compositions du peintre et s'harmonise avec elles. Elle semble inspirée des maîtres primitifs de la renaissance italienne, et ses draperies, à la fois riches et naturelles, peuvent rivaliser, par le style, avec l'ajustement des figures antiques. La statue qu'on voit aujourd'hui dans la chapelle de Notre-Dame-de-Lorette est une copie faite postérieurement par Dumont ; l'original, mutilé par les soldats de la Commune et habilement réparé, est actuellement dans l'église Saint-Leu.

Lorsque la mort de Ramey père vint laisser un vide à l'Académie, dans la section de sculpture, l'auteur de l'*Amour tourmentant l'âme*, de *Leucothée et Bacchus*, du *Génie de la Liberté*, de *Poussin*, de la *Vierge*, bien qu'il n'eût pas encore atteint sa trente-septième année, se trouvait en ligne pour poser sa candidature. Ses titres étaient reconnus de tous,

mais il avait dans sa personne, parfaitement distinguée d'ailleurs, quelque chose qui pouvait lui
nuire auprès de l'illustre compagnie. Les académi-
ciens de ce temps-là détestaient les moustaches et,
conformément à la mode adoptée par les hommes
de sa génération, Dumont en portait. Son concur-
rent Duret était dans le même cas. Les amis des
deux artistes leur conseillèrent de supprimer un
ornement qui se ressentait trop des mœurs mili-
taires. Duret, déférant et docile, n'hésita pas à
faire un sacrifice auquel Dumont se refusa. Faut-il
croire qu'un motif si futile put exercer de l'influence sur la section de sculpture ? J'en doute un
peu, à vrai dire ; mais elle plaça sur sa liste au
premier rang Duret et, par un manège où le zèle
l'emportait sur l'adresse, Dumont au quatrième (1).

(1) Je me souviens qu'un matin de l'année 1853 j'étais
chez Dumont lorsqu'on annonça Reber, qui se présentait à
l'Académie des Beaux Arts en remplacement de Onslow et
venait remplir ses devoirs de candidat. — « Je n'ai pas
beaucoup de chances, dit-il, la section de musique m'a mis
le quatrième sur sa liste. — Ce n'est pas d'un mauvais pré-
sage, répondit Dumont ; moi aussi j'étais le quatrième et
j'ai passé. Ne désespérez donc pas. » Reber, de même, fut
élu, en dépit de son rang.

Les candidats étaient classés dans l'ordre suivant : Duret, Raggi, Rude, Dumont, Foyatier, Lemaire. On procéda à l'élection le 21 juillet 1838. Au premier tour de scrutin, les suffrages se répartirent en nombre égal entre Duret et Dumont ; le quatrième tour, décisif, attribua à Duret neuf voix, cinq à Rude et dix-huit au candidat relégué trop loin. Dumont était élu malgré ses moustaches et sans compter d'adhérents chez les musiciens. Lorsqu'il était allé faire à Chérubini la visite de rigueur, il le trouva engagé, avec Halévy, dans une intéressante partie de dominos. Le directeur du Conservatoire, sans prendre la peine de se déranger et avec le ton bourru qui ne l'abandonnait guère, lui dit : — « C'est vous, Monsou Doumont ? Eh bien, je vote pour Douret ». A la mort de l'auteur de *Lodoïska* et des *Deux Journées,* ce ne fut pas à Duret mais à Dumont qu'on demanda le bas-relief qui orne sa tombe au cimetière du Père-Lachaise.

La production chez Dumont a été incessante et active jusqu'à l'âge même où il avait acquis le droit de se reposer. Sans intervalle se succèdent des œuvres étudiées avec le scrupule d'un artiste qui

cherche avant tout l'approbation la plus malaisée à
obtenir, la sienne. Après la *Vierge*, *la Sainte Cécile*,
drapée en réminiscence d'une Flore du musée du
Capitole, et néanmoins d'un sentiment tout chrétien. Forcé de composer sa figure pour la place
imposée, une des niches plates et carrées de la
colonnade de la Madeleine, il lui a donné une
ampleur qui atteste toutes les ressources d'une
imagination qui se jouait des difficultés et savait
les faire tourner à l'avantage de l'art. Puis *Saint
Louis* dans sa gravité de législateur, et *Philippe-Auguste* énergique d'attitude, mâle et ferme comme
il convient au rival de Richard Cœur de Lion, au
vainqueur de Bouvines. Au Salon de 1844, il en-
voie la dernière des quatre figures qu'il se soit
commandées à lui-même, suivant l'expression de
Perraud, connu sous le nom de la *Coquetterie*, et
qu'il a désignée simplement sous ce titre : *Etude
de jeune femme*. Quoi de plus élégamment composé,
de plus délicieusement modelé que cette jeune
femme, chaste malgré sa nudité, qui se regarde
dans un miroir pour rajuster la couronne dont sa
tête est embellie, une tête à séduire André Ché-

nier, moderne avec un ressouvenir de l'antiquité. Quelle délicatesse dans les contours ! L'œil ne peut se rassasier de suivre la ligne des épaules et des bras d'un dessin si gracieux et si pur.

Cette année 1844, où il retrouva le succès de 1831, a été une des plus cruelles de la vie de Dumont ; en l'espace de cinq mois il perdit ses parents adorés, d'abord son père si heureux des honneurs accordés à son fils qu'il en oubliait ses mécomptes, puis sa mère, ce guide expérimenté et tendre dont il avait éprouvé la sage sollicitude. Sa douleur fut extrême ; il prit en dégoût le travail, qui n'apportait à son malheur ni consolation, ni adoucissement. Son médecin, inquiet d'un pareil état de prostration, lui prescrivit comme remède le voyage. Il se décida à l'écouter et partit au mois de septembre, pour l'Allemagne, désireux d'examiner les productions d'un art peu répandu en France.

Carlsruhe, Stuttgart, Munich, Ratisbonne, Nuremberg, Dresde. Berlin, Weimar, voilà ses principales étapes. Il rencontra partout, auprès des souverains comme auprès de ses confrères, l'accueil dû à son mérite, à sa réputation, à la distinction de

son esprit et de ses manières. Dans la capitale du
Wurtemberg, il fit la connaissance de Gegenbaur
en train de couvrir de fresques historiques les mu-
railles du nouveau palais ; à Munich, il vécut dans
la société de Léon de Klenzé, l'illustre architecte
qui a transporté la Grèce en pleine Bavière, et de
ses collaborateurs, Schnorr, perdu dans le brouil-
lard des Nibelungen : où le génie français ne s'avise-
t-il pas aujourd'hui de fourvoyer son aile légère !
Zimmermann aux prises avec Anacréon, de Hess,
un des maîtres de la fresque moderne, Kaul-
bach, le plus populaire parmi nous, le sculpteur
national, Schwanthaler, dont la main hardie a élevé
la statue colossale de la Bavière et peuplé la Wal-
halla. A Dresde, il se lia avec Bendemann, plus
tard directeur de l'Académie de Dusseldorf, avec
Hœhnel et Rietschel qui, dans la lutte pacifique
où la France convoqua toutes les nations en 1855,
triompha de son glorieux maître Rauch. A Berlin
florissaient les sculpteurs les plus renommés
d'outre-Rhin, le vieux Schadow, Rauch, Tieck,
frère du poète, Kiss qui venait de terminer son
beau groupe de l'*Amazone ;* ils s'empressèrent de

lui ouvrir leurs ateliers, aussi bien que Cornélius, cet artiste à l'imagination puissante, dont le véritable outil était le ciseau et non la brosse. L'honneur le plus précieux qui lui échut dans la capitale de la Prusse fut, non d'être admis en présence du roi à Charlottembourg, mais de passer une soirée chez Humboldt, le plus grand Allemand depuis la mort de Gœthe.

A Weimar où régnait le fils de ce Charles-Auguste recommandé à la postérité par la gloire des deux grands poètes dont il fut le protecteur, Dumont eut le plaisir d'être reçu comme un hôte attendu et familier. La petite cour saxonne ne brillait plus de l'éclat incomparable, jadis emprunté à Gœthe, à Schiller, à Wieland, à Herder; ses illustrations, à la date de 1844, étaient toutes locales et d'une lumière modeste : Mlle Fatius, statuaire, les peintres Preller et Neher, enfin un compositeur français, Chelard, remplissant les fonctions de maître de chapelle, et qui avait écrit autrefois un opéra de *Macbeth* sur un livret de Rouget de l'Isle. Elle était restée fidèle à ses traditions, avenante, ouverte aux lettres et aux sciences, sachant apprécier le mérite.

Charles-Frédéric et son fils Charles-Alexandre, qui
occupe le trône depuis 1853, eurent pour le voyageur les attentions les plus courtoises, les prévenances les plus aimables. Dumont reconnut magni-
fiquement cette hospitalité princière, en offrant à
la grande-duchesse héréditaire, comme témoignage
de sa gratitude, le marbre de la délicieuse tête dont
il avait fait le modèle à Rome. Le don fut agréé par
une lettre qui doit trouver place ici.

« Weimar, 1er février 1845.

« Accoutumé comme vous l'êtes, mon cher
Monsieur Dumont, à voir admirer vos ouvrages,
vous devez être blasé sur les louanges que l'on vous
prodigue. Mais s'il est vrai que la reconnaissance
ne compte point parmi les choses ordinaires dans
ce monde, il n'en peut être autant du sentiment qui
vient me dicter ces lignes. Ce sont les remerciements très sincères et très réels de la grande-duchesse héréditaire et les miens que je vous prie
d'agréer. Ils le sont d'autant plus que votre attention si aimable de nous laisser un souvenir de votre

séjour chez nous a su choisir la forme la plus gracieuse, car il est impossible de rien voir de plus
charmant, de plus naturel, de plus attrayant que le
buste que nous tenons de vous. Je vous assure que
le but que vous vous êtes proposé de nous faire
plaisir a non seulement été atteint, il a été outre-
passé. Quoique votre réputation nous eût autorisés
à attendre un ouvrage digne de votre génie, nous
avons été bien agréablement surpris en voyant cette
délicieuse création qui a le double mérite de rendre
un ravissant portrait d'une manière toute poétique.
Je regrette que vous n'ayez pu être témoin de la
joie de la grande-duchesse héréditaire et de la
mienne lorsqu'on nous apporta le buste. Vous
eussiez compris que toute lettre ne peut dépeindre
que très imparfaitement notre reconnaissance qui
ressent mieux qu'elle ne s'exprime. Après cela je
pense et j'espère que vous ne douterez pas des sentiments que je vous porte et de la considération
très distinguée avec laquelle je suis votre tout
dévoué Charles-Alexandre, Grand-Duc Héréditaire de Saxe. »

Le voyage de Dumont eut pour résultat d'éta-

blir entre les artistes français et les artistes allemands
des communications plus suivies. Il s'était empressé de rendre compte, avec l'autorité qu'il avait
acquise déjà à l'Institut, des œuvres qu'il avait
remarquées, et d'appeler l'attention de ses confrères
sur des peintres et des statuaires d'une véritable
valeur, à peine connus de nom. Aussi voit-on, dès
le mois de décembre 1844, l'Académie des Beaux-
Arts, attribuant à l'Allemagne une part plus considérable dans ses choix, inscrire sur la première
liste des correspondants qu'elle dresse, Schadow,
Schwanthaler, Schnoor, de Hess et Chelard, le com-
patriote oublié.

Pour lui, l'effet du séjour à l'étranger, de ce chan-
gement d'air moral, eut l'avantage de ramener le
calme dans son âme et dans ses idées. Il se remit
au travail avec une nouvelle ardeur, et produisit
successivement les statues de *Buffon*, de *Louis Ier de
Bourbon, Prince de Condé,* et un grand bas-relief, *le
Prince de Joinville à Sainte-Hélène, au tombeau de
Napoléon.* Pour représenter Buffon — et il apparaît
dans sa vérité majestueuse, tout entier, homme et
écrivain — Dumont a abordé, résolument et avec

un singulier bonheur, le costume de l'époque. Pas de manteau destiné à arranger les lignes, à dissimuler la maigreur du vêtement ; rien que la culotte et l'habit, et l'œuvre est sculpturale. Nul n'a déployé plus de goût et de sagacité dans la manière d'ajuster ses personnages. Nul n'a su mieux triompher de la vulgarité, de la raideur, de l'inélégance du costume moderne. Nul n'a saisi plus sûrement la physionomie des figures historiques qu'il était chargé de ressusciter, et ne l'a rendue avec plus d'exactitude. Regardez Condé. Est-ce que le cœur du hardi soldat ne bat pas sous l'attirail irréprochable de l'homme de guerre du XVIe siècle, cuirasse, trousses, grandes bottes de daim (1) ?

Dumont s'occupait de son bas-relief quand éclata la révolution de février 1848. Cet événement, imprévu pour ceux-là même qui l'avaient préparé, l'atteignit dans ses sentiments de citoyen rattaché, après les effervescences de la jeunesse, à un régime sagement libéral, et plus encore dans ses entrailles paternelles d'artiste. Pendant le sac du Palais-Royal, fu-

____

(1) Il est profondément regrettable que cette belle statue n'ait pas été commandée en marbre.

neste à tant d'objets d'art, son groupe de *Leucothée et Bacchus* fut brisé en plusieurs endroits. Il eut cependant la possibilité de le restaurer, plus favorisé que Duret, réduit à faire fondre le *Mercure*, son œuvre maîtresse, et surtout que Hersent, dont le principal tableau, l'*Abdication de Gustave Wasa*, serait à tout jamais anéanti sans la belle gravure d'Henriquel Dupont. L'avenir lui réservait même la bonne fortune de pouvoir, en recommençant son groupe, assouvir ce besoin de correction et de perfection qui tourmente sans cesse le poète et l'artiste. En 1860, le duc de Galliera lui demanda *Leucothée* pour sa galerie qui renfermait déjà un des chefs-d'œuvre de la sculpture moderne, la *Madeleine* de Canova.

Au début de l'année 1849, répondant à un de ses amis, haut fonctionnaire des finances en Algérie, Dumont exposait sa situation sans amertume, en philosophe que ne saurait abattre le choc des choses humaines. « Quant à moi, la révolution de février m'a causé un grand préjudice. J'ai perdu pour trente mille francs de travaux. Je fais dans ce moment une statue du *Commerce* pour la Bourse.

C'est la seule figure qui dans le naufrage m'ait été conservée. » Il faut savoir gré à la tempête d'avoir respecté une telle épave. Le *Commerce* est un des ouvrages où le goût épuré et l'art savant du maître sont arrivés à leur degré de supériorité. « Tout est à louer, a dit M. E. Guillaume, sous l'autorité de qui j'aime à m'abriter, jusqu'aux moindres accessoires, dans cette figure essentiellement décorative, ajustée d'une main si sûre qu'on ne saurait concevoir un jet de draperies plus exact et plus abondant. »

Le premier travail que Dumont obtint du gouvernement républicain fut, sur la proposition de Charles Blanc (1), directeur des Beaux-Arts, la statue du maréchal Bugeaud, pour le musée de Versailles. La mort du maréchal, brusquement emporté par le choléra, avait causé une profonde émotion dans le pays. De toutes parts, l'accord se fit pour réclamer, en faveur du héros des guerres d'Afrique, un hommage de la reconnaissance publique proportionné à ses services et à sa gloire. Dans ce

(1) Dumont et Charles Blanc ne se connaissaient pas alors. Depuis, et même avant d'être devenus confrères, ils se lièrent d'une amitié fondée sur une estime réciproque.

but, des comités se formèrent à Paris, à Alger, à
Périgueux, et ne tardèrent pas à se fusionner sous
la présidence du général Changarnier. On résolut
d'élever, en l'honneur de l'illustre soldat, deux
monuments : l'un dans le département qu'il avait
adopté comme seconde patrie, à Périgueux, l'autre sur le sol témoin de ses exploits, à Alger. Avant
de choisir l'artiste qui devait interpréter leur pensée, les membres du comité se rendirent à l'atelier
de Dumont, curieux de voir la statue en cours
d'exécution. Saisis d'admiration en présence de
son œuvre magistrale, ils lui demandèrent, séance
tenante, de la reproduire dans une dimension colossale pour Alger et Périgueux.

Elle est noble et vivante, cette image du vainqueur d'Isly, et si naturelle qu'on en arrive presque
à oublier que les beautés de cet ordre ne sont obte-
nues que par l'art le plus consommé. C'est bien le
survivant de l'épopée impériale, le capitaine populaire qui s'offre aux regards, respirant à l'aise dans
l'uniforme exact et pittoresque où chaque détail
a son intention et sa portée. L'inauguration se fit
à Alger, le 15 août 1852, aux applaudissements d'une

foule ravie de retrouver le chef aimé et admiré.

Dumont, qui était venu juger de l'effet de son œuvre, ne voulut pas quitter l'Algérie sans en avoir étudié les aspects et les mœurs. Il n'y avait ni fatigues ni obstacles capables d'arrêter le voyageur de Sicile. Ses lettres nous le montrent curieux, ardent ainsi qu'aux heures de pleine jeunesse, traversant les torrents, escaladant les montagnes, pénétrant dans les gorges reculées, mangeant le couscoussou sous la tente des caïds et des cheiks, s'entretenant avec les marabouts, croquant, à la dérobée, le profil d'un Arabe qui ne veut pas laisser son image aux mains d'un infidèle, dessinant à loisir la tête d'une belle juive ou celle d'une danseuse mauresque, moins sauvages.

Le nouveau régime qui avait violemment remplacé la République ne traita pas Dumont favorablement, tout d'abord. C'était de sa faute! il n'avait pas été au-devant du triomphateur, quoiqu'il l'eût rencontré dans plus d'un salon de Rome, et il n'avait pas hésité à protester, par son vote, contre le coup d'État. Aussi, lorsque la commission du monument de Bugeaud, par l'organe de son der-

nier président, le général de Bar, sollicita pour l'artiste qui avait justifié sa confiance avec tant d'é-
clat, la croix d'officier de la Légion d'honneur, ne
put-elle pas se faire entendre du gouvernement.
La disgrâce alla plus loin : il eut les honneurs de
la proscription, dans un de ses ouvrages, le bas-
relief de la crypte des Invalides. Le recueil des
Papiers et Correspondance de la famille impériale
renferme une lettre surprenante adressée au docteur
Conneau par Cottrau, inspecteur des Beaux-Arts :
« On place dans le tombeau de l'Empereur, à l'entrée de la crypte, deux bas-reliefs représentant le
prince de Joinville à Sainte-Hélène et Louis-Philippe
recevant les restes de l'Empereur. Je trouve cela
inconvenant : je viens d'en causer avec Romieu (1)
qui est de mon avis ; mais que faire sans connaître
la volonté du Prince ? Il n'y a que toi qui puisses
nous tirer d'embarras en consultant le Prince. S'il
est d'avis de retirer ces sculptures, cela sera fait en
un instant sans que personne le sache » (2). L'avis

(1) Ancien préfet de la monarchie de Juillet, il se souvenait seulement qu'il était directeur des Beaux-Arts.

(2) *Di notte tempo*, comme disent les Italiens. Cottrau
était Napolitain.

ne se fit pas attendre, et les bas-reliefs arrachés au tombeau de Napoléon disparurent dans l'ombre du dépôt des marbres. D'un signe de tête le Prince avait corrigé l'histoire.

Une compensation lui fit oublier ces deux désagréments dont le dernier avait été le plus sensible. A la suite de la mort de Pradier (1852), l'assemblée des professeurs qui formaient alors le conseil de direction de l'Ecole des Beaux-Arts, l'élut pour remplacer le célèbre statuaire. Les succès de Dumont dans l'enseignement remontaient à une époque éloignée; huit de ses élèves étaient déjà partis pour la villa Médicis. Lorsque le premier d'entre eux, M. Bonnassieux, remporta le grand prix, Dumont n'était pas encore à la tête de l'atelier qui disputait, chaque année, à ceux de David et de Pradier, les couronnes académiques. En 1837, le fondateur de cet atelier, Ramey fils, obligé de séjourner plusieurs mois à Marseille pour surveiller des travaux, pria son ami, d'abord de le suppléer pendant son absence, et bientôt de s'adjoindre à lui. M. Guillaume, élève d'une école rivale et dont l'esprit, formé de bonne heure, observait et appré-

ciait exactement, a tracé des deux maîtres un portrait fidèle : « Certes, ces professeurs étaient, dans
leur manière d'être, fort différents. M. Ramey était
plus varié, plus abondant dans ses discours ; M. Dumont était plus sobre de paroles et plus occupé de
l'essentiel. Mais la même raison et le même dévouement animaient ces deux hommes de bien.
Quoiqu'ils portassent à leurs élèves un intérêt
extrême, c'était de l'art avant tout qu'ils avaient
souci. Leur constant effort tendait à donner aux
études la direction la plus conforme aux principes
et aux traditions de toute sculpture digne de ce
nom. Le niveau qu'ils voulaient maintenir était
celui d'une dignité idéale, mais exempte de convention. Ils admiraient l'antiquité ; ils respectaient
la nature. Avant tout, ils étaient sincères, et ils
enseignaient que la beauté ne doit jamais être cher-
chée en dehors de la vérité. »

Un incident sur lequel il n'y aurait aucun intérêt à insister amena les deux professeurs à fermer,
en 1847, l'atelier où s'était élevée une brillante
génération de sculpteurs. Mais si, pendant un espace
de cinq années, Dumont n'eut plus l'occasion de

former de nouveaux élèves, il ne cessa jamais de prodiguer aux anciens et ses conseils et son appui. Le choix de ses pairs, en lui ouvrant l'Ecole des Beaux-Arts et en le remettant en communication directe et quotidienne avec la jeunesse, fut, sans conteste, un des bonheurs les plus vrais qu'il ait ressentis, la récompense qui le flatta et l'honora entre toutes.

Il était impossible de tenir à l'écart un artiste de la valeur de Dumont et dont la situation proéminente était reconnue de tous. En juin 1853, l'Administration des Beaux-Arts lui confia l'exécution de la statue du maréchal Suchet duc d'Albuféra (1) pour la ville de Lyon et, en 1854, la décoration complète du pavillon Lesdiguières. Le pavillon, en tombant pour se relever sur un autre plan, emporta dans sa chute cette importante décoration ; elle consistait dans un fronton composé de la *Gloire* et l'*Immortalité*, une figure assise de la *France* et deux trophées avec des enfants symbolisant la

(1) La statue en marbre du maréchal, dans les proportions ordinaires, pour le Musée de Versailles, a été faite aux frais de la famille.

Guerre et la *Paix*. Le sort réservé à un si grand nombre des ouvrages de ses ancêtres ne devait pas lui être épargné, même de son vivant ; il vit détruire sous ses yeux un monument, fruit de plusieurs années d'un travail persévérant et qui faisait honneur à l'art contemporain. Les rares voyageurs qu'un hasard conduit à Semur et qui s'égarent au musée de cette jolie sous-préfecture peuvent suivre, dans le petit modèle conservé là, toute la pensée du maître et reconstituer ses conceptions dans leur grandeur originale : la *Gloire*, imposante et radieuse, l'*Immortalité*, recueillie, pensive et éveillant dans les âmes, avec l'idée de la beauté, celle des divines espérances. Quant à la statue de la *France*, elle avait enthousiasmé Périn, qui n'était pas dans l'habitude de se départir, pour juger ses amis, de la sévérité de ses principes. « Elle est tellement bien, écrivait-il, que j'en fais hardiment votre meilleur ouvrage jusqu'à ce jour. »

La lettre dans laquelle Périn exprime cette opinion est datée de 1855 ; elle contient, en outre, les plus chaleureuses félicitations à son ami sur son succès à l'Exposition universelle. Il avait le droit

de prendre sa part d'un triomphe qui flattait son
cœur et son goût, car Dumont, un peu hésitant,
ne s'était décidé que sur ses instances, à donner
de sa personne dans la mêlée dont le palais des
Beaux-Arts était le théâtre. Son envoi comprenait
quatre ouvrages : le modèle réduit du monument
du *Maréchal Bugeaud, Leucothée et Bacchus, l'Etude
de jeune femme, Buffon*. La statue en bronze de
Buffon était pour le public un ouvrage nouveau,
quoique terminé depuis longtemps. Dix ans s'é-
coulèrent encore avant qu'elle ne fût dressée
sur son piédestal, au milieu de la terrasse qui
domine la ville de Montbard, à l'extrémité des
jardins plantés ou embellis par l'immortel naturaliste.

Le jury, composé des artistes les plus compétents
du monde entier, décerna à Dumont une des
quatre grandes médailles d'honneur réservées à
la sculpture, et le désigna pour une récompense
qu'il appartient au gouvernement seul d'accorder.
Le prince de la famille impériale, revêtu des
fonctions de président de la commission de l'Exposition, ne crut pas devoir exaucer un vœu émis avec

tant d'autorité, et se refusa à proposer un artiste qui
venait de soutenir glorieusement, dans une lutte
mémorable, la vieille réputation de la France, et
qui comptait dix-neuf années de grade de chevalier de la Légion d'honneur. L'administration eut
la pudeur de réparer ce déni de justice. Peu de
jours après la cérémonie fastueuse du palais des
Champs-Elysées, le 15 décembre 1855, avait lieu
la distribution des récompenses au palais de la
rue Bonaparte, et le ministre d'Etat, M. Fould,
remettait à Dumont, président en exercice de l'Ecole
des Beaux-Arts, aux acclamations des élèves,
la croix d'officier. Un déplorable accident signala
cette date du 15 décembre. Pendant la matinée,
le feu avait pris dans la salle qui sert aux fêtes de
l'Ecole et endommagé le magnifique hémicycle de
P. Delaroche. Averti immédiatement par l'agent,
M. Vinit, Dumont courut chez le ministre pour
l'informer du désastre et le prier d'autoriser l'ajour-
nement de la séance. — « Donnez l'ordre de dis-
poser une salle quelconque, répondit M. Fould : j'ai
une raison impérieuse pour tenir à ce que la distribution des récompenses se fasse aujourd'hui. »

Sur ces entrefaites, les habitants de l'île Maurice, fidèles au souvenir de l'illustre administra-
teur qui créa leur prospérité, ouvraient, avec l'au-
torisation du gouvernement anglais, une souscription dans le but d'ériger, au milieu de Port-Louis,
une statue à La Bourdonnais. Pour rendre l'hommage plus complet encore, ils firent choix d'un
artiste français, et chargèrent Dumont de reproduire les traits du héros dont ils sont restés, de
cœur, les compatriotes. Une lettre du président
de la commission adressée (3 octobre 1859) aux
délégués de France, nous renseigne sur l'accueil
fait à cet ouvrage, pendant superbe du *Buffon* :
« Il n'a pas été possible, avant le départ de la dernière malle, de réunir le comité La Bourdonnais,
mais c'est aujourd'hui un agréable devoir pour
moi de vous annoncer que l'inauguration de la
statue de Mahé de la Bourdonnais a eu lieu le 30
août dernier, avec toute la pompe et toute la
solennité possibles dans notre pays, et de vous
transmettre, avec les remerciements du comité de
Maurice pour la large part prise par vous à cette
œuvre coloniale, l'expression du sentiment général

de satisfaction éprouvée par la population tout
entière à la vue de cette belle statue. Les Mauri-
ciens n'ont pas été insensibles au mérite de cette
œuvre artistique dans laquelle semble revivre le
fondateur de leur colonie, et je ne suis que l'écho
de l'opinion émise par tous indistinctement en
vous priant de faire agréer à M. Dumont nos très
sincères félicitations et le tribut de notre vive admiration pour le beau talent dont témoigne la statue
de La Bourdonnais. Le choix de l'artiste distingué
qui a donné un corps à notre pensée, double la
valeur du service que vous avez rendu au pays,
car si on s'en rapporte à l'opinion de ceux qui ont
vu la statue, belle aussi, élevée par nos voisins au
bienfaiteur de nos deux îles, tout l'avantage de
la comparaison reste à l'œuvre de M. Dumont. »

Dans cette solennité, en face du marin vainqueur de ses flottes, l'Angleterre, par la voix de
son représentant, avait déclaré que les grands
hommes ne sont pas la propriété exclusive des
pays qui les ont vu naître, mais qu'ils appartiennent
à l'humanité entière, ennoblie par leur génie.
Quelques mois auparavant, le gouvernement fran-

çais accordait les honneurs du Musée dédié à toutes
les gloires de la France au savant étranger dont
la mort venait de mettre en deuil le monde civilisé.
Il chargeait Dumont d'exécuter la statue de Humboldt, et l'Allemagne ratifiait son choix. Le docteur
Waagen, directeur de la galerie de peinture de
Berlin, en communiquant à l'architecte Hittorff
une liste de documents iconographiques, se faisait
l'interprète de ses concitoyens : « Vous pouvez
penser combien j'ai été charmé que l'exécution
d'un programme dont la digne solution me touche
si vivement au cœur ait été confiée à un aussi
excellent artiste que M. Dumont. Je regarde ce
choix, sans aucune comparaison, comme le meilleur
qui pouvait être fait en France. Je pense qu'il re-
présentera ce demi-dieu de la science et ce roi de
la véritable humanité dans l'âge où son corps et
son esprit étaient dans toute leur force. » Dumont
n'avait pas besoin d'être averti pour embrasser sous
sa face caractéristique le sujet qu'il avait à traiter.
Il se serait bien gardé de montrer l'intrépide ex-
plorateur accablé par le poids de la vieillesse. Il le
représenta à l'âge de sa vaillante production, tenant

le style avec lequel il venait d'écrire son *Voyage aux régions équinoxiales du nouveau continent*. Pour le douer de cette réalité que l'art ne doit cesser d'avoir en vue, il ne s'était pas borné à consulter les portraits, les bustes et jusqu'au moindre médaillon, mais il avait pris soin de s'identifier avec ses ouvrages, afin de connaître l'homme à fond, dans les traits comme dans l'esprit. Sa méthode de travail ne varia jamais ; il ne commençait l'esquisse de ses personnages que quand il les possédait intimement. Pour restituer *Saint Louis*, il avait déchiffré les mémoires de Joinville ; il avait étudié les campagnes d'Afrique avant de rendre à la vie le *maréchal Bugeaud ;* il ne conçut *Humboldt* qu'après avoir lu le *Cosmos*.

L'esquisse d'Humboldt était définitivement arrêtée, quand lui parvint la commande de deux statues importantes : le *Prince Eugène Beauharnais* et *Napoléon Ier*.

L'empereur Napoléon III, depuis son accession au trône, couvait le dessein de remplacer la statue vulgaire de la colonne Vendôme par une image d'un style plus héroïque. Il regrettait le César idéalisé par Chauvet, et enlevé, sur un ordre émané du quartier général russe, du socle conquis par les canons d'Austerlitz. Seulement, l'auteur du Napoléon populaire avait été pour lui, pendant la période d'exil à Rome, un ami éprouvé, un compagnon de tous les instants et, par un sentiment délicat et généreux, il avait ajourné à des temps plus favorables un acte dont le contre-coup eût été blessant et douloureux pour Seurre. Mais lorsque le décès de celui-ci, arrivé en 1858, lui eut rendu sa liberté d'action, il revint à son projet et s'en ouvrit au ministre chargé des Beaux-Arts, qui lui indiqua Dumont comme le seul artiste capable de mener à bien cette grande et difficile entreprise. La décision du chef de l'Etat rencontra, même dans son entourage, une opposition aussi acharnée qu'inexplicable. Le ministre successeur de M. Fould, le comte Walewski, contrecarra, sourdement mais de tout son pouvoir, la réalisation d'un projet qui, en négligeant d'aborder la question d'art où il n'entendait rien, avait l'avantage d'offrir à son patriotisme la joie d'une revanche. Les résistances durent enfin céder devant la volonté du

souverain, se manifestant avec une énergie plus
accentuée encore quand il eut constaté de ses
yeux la supériorité de la nouvelle statue. Le modèle du *Napoléon* de grandeur naturelle fut exécuté
dans l'atelier occupé par Dumont au pavillon Est
du palais de l'Institut (1). C'est là que l'empereur
vint le voir, une après-midi de mars 1862. Un
élève de Dumont, devenu un maître à son tour,
qui travaillait en ce moment auprès de lui, a dressé
de cette visite une sorte de procès-verbal écrit le
soir même, et dont je n'hésite pas à insérer un
fragment : « Aujourd'hui mardi, 18 mars, à trois
heures et demie, j'entends frapper vivement à la
porte du premier atelier; j'ouvre et j'entrevois
M. Deligny (*l'architecte du Palais*) me faisant signe,
tout en adressant un salut respectueux dans une
autre direction. Je n'en demandai pas davantage
pour aller annoncer à M. Dumont l'empereur que
nous attendions, d'après une promesse qu'il avait
faite une quinzaine de jours auparavant. L'empe-

(1) Cet atelier ayant été affecté, en 1863, au service de la
Bibliothèque Mazarine, il obtint, en échange, dans le même
palais, celui qui avait longtemps appartenu à Pradier, quai
Conti, 25.

reur, accompagné d'un homme très grand, très gros, très brun et très chauve, avait pénétré dans l'atelier de M. Dumont avant que celui-ci eût eu le temps d'arriver à la porte pour le recevoir. — « Je vous ai bien fait attendre », lui dit l'Empereur. En arrivant devant la statue en terre de Napoléon qui est presque terminée, Sa Majesté dit d'un air ravi : « C'est très bien ! C'est très beau ! Voyons si elle fait aussi bien derrière ». Et l'Empereur, paraissant ignorer qu'on pouvait mouvoir la figure, se déplaça pour aller la regarder ; mais, sur notre observation, qu'il était facile de la tourner dans l'autre sens, il reprit sa place. Après l'avoir considérée un instant, il dit : « Elle fait admirablement de chaque côté ». Ensuite nous la lui présentâmes sous tous ses aspects, et l'Empereur ne cessait de répéter : « C'est très beau, c'est magnifique ! » Puis il s'étendit sur le mérite des silhouettes heureuses : — « Rien n'est si difficile, si important et souvent si négligé qu'une silhouette. On a placé sur le Louvre un groupe dont le travail est très beau vu de près, mais qui de loin ne paraît qu'une masse informe. » Lorsque la selle fut revenue à son point de départ, M. Dumont me fit poser sur la boule que le héros tient de la main droite une esquisse de la Victoire. — « Elle est un peu grosse relativement à la statue, dit l'Empereur; il ne faudrait pas que, de loin, la figure principale parût porter un enfant dans la main. — Sire, répondit l'artiste, elle n'est pas plus grande relativement que celle de la figure primitive; ma figure est d'un onzième plus grande que celle de Chaudet, par conséquent la Victoire doit être plus grande que l'autre d'un onzième. — Avez-vous celle que je vous ai envoyée (1)? — Oui, sire. » Je courus la chercher. — « J'aimerais mieux que vous missiez celle-ci. — Sire, répliqua M. Dumont alarmé dans son irréprochable conscience d'artiste, cette Victoire n'est pas conçue dans le style de ma statue et pourrait la modifier malheureusement. — Je crois au contraire qu'elle produira un excellent effet, étant moins importante que la vôtre. Et puis elle a les ailes déployées. — J'ai conçu la mienne

(1) Cette petite statue de la Victoire, de la main de Chaudet, était restée en France et venue en la possession de Napoléon III. Elle a de nouveau disparu après l'exploit de la Commune. Celle qui l'a remplacée est de M. Mercié.

dans une idée différente. Les ailes au repos signi-
fient que Napoléon a fixé la victoire. — J'y tiens
cependant. C'est un fragment intact de l'ancienne
statue, et il ne saurait être mieux placé que sur la
nouvelle. N'est-ce pas bien étonnant que la Victoire soit tout ce qui reste de la statue de Napoléon ? » M. Dumont dut s'incliner devant un parti
obstinément arrêté. — « Vous l'avez représenté
un peu jeune, dit l'Empereur, en indiquant du doigt
le visage. Je pensais que vous le feriez d'après le
buste de Chaudet qui le montre plus âgé . — Sire,
le faire plus âgé eût été un anachronisme. J'ai conservé à l'Empereur l'âge qu'il avait lors de l'érection
de la Colonne. —Je reviendrai voir la figure quand
elle sera grandie du double. »... Enfin, après une
poignée de main échangée avec M. Dumont, l'Empereur est parti. »

Le ministre d'État, qui s'était jusqu'alors refusé
à approuver la commande de la statue dont Napoléon III avait pris l'initiative, signa enfin, malgré
son mauvais vouloir obstiné, l'arrêté officiel. Le
bronze impérial fut érigé sur sa base, le 4 novembre
1863, et le *Moniteur universel* annonça l'événement

en une note laconique enfouie dans les faits divers. Le public attentif aux choses de l'art s'étonna
qu'aucune marque de satisfaction ne récompensât
l'auteur d'une telle œuvre ; on s'attendait à le voir,
à cette occasion, promu au grade de commandeur
de la Légion d'honneur, qui ne lui fut conféré qu'en
1870, à la suite d'une pétition de ses élèves.

Quoiqu'un programme eût été tracé à l'avance
(le récit de M. Ponscarme — qu'il me pardonne
mon indiscrétion ! — le prouve en un point) de
manière à imposer à Dumont des limites entre lesquelles il devait se contenir, on ne remarque rien,
dans le *Napoléon*, qui sente la gêne ou trahisse
l'effort. L'artiste semble être demeuré en pleine
possession de lui-même, libre d'entraves, maître
de son inspiration. L'œuvre est originale, et ne
ressemble, ni par la conception ni par la forme, à
la statue de l'an 1810. Ceux qui ont pu contempler
le Napoléon de Chaudet sont rares aujourd'hui et
si avancés en âge qu'ils n'en ont conservé qu'un
souvenir fugitif et ne sauraient la juger autrement
que nous, c'est-à-dire sur les estampes. Cependant,
si le mérite de l'exécution nous échappe forcément,

nous sommes du moins en mesure d'apprécier la
composition, et nous pouvons nous rendre un
compte assez juste de l'effet qu'elle devait produire. Chaudet avait drapé l'Empereur d'un manteau rattaché à l'épaule droite ; le bras, entièrement
nu, s'appuyait sur un glaive au fourreau, dont la
pointe reposait sur la plinthe (disposition peu heureuse, car, vue d'en bas, la figure paraissait porter
sur trois jambes) ; le manteau recouvrait le bras
gauche, ne laissant passer que la main qui tenait
cette Victoire ailée, considérée par Napoléon III
comme un talisman. La différence entre les deux
statues est frappante, on le voit, en dépit de l'ana-
logie du costume. L'ouvrage de Dumont, tel qu'il
apparut lors de son inauguration, impressionnait
par la beauté de la forme, l'ampleur de l'attitude,
l'expression calme et grandiose. Il rétablissait,
dans sa splendeur et sa majesté, le capitaine au
masque d'*imperator* sur le pilier souverain bâti de
sa main colossale, comme a dit le poète.

Le mérite du *Napoléon* consistait encore, selon
les hommes du métier, dans le balancement pon-
déré des lignes, et dans un équilibre si bien pro-

portionné que de tous les côtés la figure était admirablement d'aplomb. Or rien n'est plus difficile que
d'arriver à ce résultat quand le piédestal est une
colonne. La moindre déviation est trahie par cette
implacable perpendiculaire et le plus imperceptible
défaut d'harmonie dans les lignes renverse la statue
soit à droite, soit à gauche. Dumont avait tout
prévu. En dégageant les jambes et en drapant
entièrement le corps, il avait donné à son *Napoléon*
l'aspect à la fois imposant et léger qu'exige une
statue placée à une grande hauteur. Ces précieuses
qualités sont un peu amoindries depuis la restauration maladroite faite après 1871, sans l'aveu de
l'auteur et en dehors de sa direction ; mais elles se
retrouvent intactes dans le modèle de grandeur
naturelle conservé au musée de Semur.

Moins de deux semaines après le replacement
presque honteux du chef de la dynastie sur la colonne, le 13 novembre 1863, parut un décret relatif
à la réorganisation de l'Ecole des Beaux-Arts,
qui jeta le désarroi dans le camp des artistes et
frappa Dumont dans ses plus chères convictions.
Deux causes, dont l'une essentiellement politique,

avaient présidé à cette réforme violente et injustifiable. La constitution de l'Ecole, s'administrant elle-même, ayant à sa tête des professeurs issus de l'élection, contrastait par son allure républicaine avec les formes despotiques du gouvernement. Le ministère ne se sentait pas assez le maître dans cet établissement aux rouages peu compliqués et tenait à y établir l'empire de ses bureaux. L'autre cause était plus misérable encore, mais peut-être plus déterminante. Des ambitions effrénées dont l'Ecole n'avait pas à tenir compte se tenaient en arrêt devant les portes inébranlablement closes. Pour les assouvir, le pouvoir, qui n'en était pas à un coup de force près, fit brutalement la trouée. La chose n'alla pas sans bruit ni scandale. De toutes parts surgirent les protestations (1), des professeurs de l'Ecole, de l'Académie des Beaux-Arts, de M. Ingres individuellement, éloquente et passionnée, et enfin, celle-ci tout à fait significative, des élèves. Le maréchal de France, qui tenait les Beaux-

(1) Le nombre des articles de journaux, des brochures, de factums publiés sur cette question est incalculable. En dresser la liste complète serait une rude tâche de bibliographe.

Arts sous son commandement, troublé et confus,
se reprocha d'avoir approuvé — c'était là toute sa
part du méfait — un acte qu'on lui avait représenté
comme réclamé par l'opinion générale. Le décret
toutefois ne fut pas rapporté. Il serait inopportun
d'examiner ici quelles en ont été les conséquences.
A l'endroit d'un des principaux instigateurs, elles
furent désastreuses. Au bout de deux ou trois
leçons tumultueuses , M. Viollet-Le-Duc se vit
contraint de résigner les inutiles fonctions de professeur d'histoire de l'art et d'esthétique créées en
sa faveur et confiées depuis à un littérateur. L'hos-
tilité des élèves le fit descendre de la chaire où
l'autorité qui l'y avait installé s'inquiéta molle-
ment de le maintenir, comme l'a constaté Sainte-
Beuve , non sans un retour mélancolique sur sa
propre mésaventure.

Un décret du mois de décembre de la même
année avait rattaché Dumont à la nouvelle orga-
nisation, au titre de professeur, chef d'atelier. Il
avait protesté contre les mesures de l'administration, il en blâmait le but et encore plus les moyens
mis en jeu pour l'atteindre ; son premier mouve-

ment fut de refuser tout concours. Les démarches
les plus honorables, d'autres motifs encore, qu'il
n'appartient même pas à la main la plus pieuse de
dévoiler, l'amenèrent à reprendre sa démission
offerte le 28 décembre, et il n'abandonna pas l'enseignement. La sympathie des jeunes gens accou-
rus en foule dans son atelier finit par apporter dans
son âme délicate l'oubli de déceptions amères et
de froissements pénibles.

Les derniers ouvrages de Dumont appartiennent
au genre décoratif, et je dirais plus particulièrement
à la sculpture historique, si l'expression était ad-
mise. La plupart des villes soucieuses d'honorer
dignement les hommes célèbres nés dans leurs
murs s'adressaient à celui qui avait accaparé, par
le droit du talent, l'héritage de David d'Angers.
Tour à tour, avec une verve et une fécondité
que l'âge est impuissant à ralentir, il livre à notre
admiration le général *Carrera*, ancien président
des États-Unis de l'Amérique centrale, d'une élégance sans pareille sous son dolman de hussard;
le pape *Urbain V*, empreint à la fois de majesté et
d'onction ; le duc *Decazes*, noblement drapé dans

le manteau qui étoffe la pauvreté de l'habille-
ment moderne ; *Davout*, pensif, semblant mé-
diter une grande opération de guerre ; puis *l'Architecture*, *la Sculpture*, *la Ville de Mézin couronnant
le buste du général Tartas*. La ville de Mézin avait
voulu élever une statue au plus illustre de ses enfants ; mais le gouvernement refusa son approbation, et n'autorisa qu'un monument commémoratif.
Quels regrets pour ceux qui connaissent la première esquisse de Dumont ! Elle est si alerte, si
pleine d'entrain, si débordante de verve ! Elle
rend, dans toute son impétuosité, le héros de
Milianah, cet officier d'avant-garde, sabreur à
tour de bras, ce cavalier infatigable et gascon que
« le soleil ne pouvait pas se vanter d'avoir vu tomber de cheval » !

L'année 1870 était venue, l'année maudite. Dumont, qui avait vu, enfant, deux invasions, ne
quitta point Paris pendant la troisième. Son patriotisme ressentit profondément les douleurs de la
France vaincue ; il se soumit à toutes les épreuves,
à toutes les privations de l'investissement. Le courage lui manquait pour travailler. C'est le cœur

dévoré d'angoisses qu'il essayait de retoucher le marbre de Humboldt dans son atelier de l'Institut, au moment où les barbares compatriotes « de ce demi-dieu de la science, de ce roi de la véritable humanité », pointaient leurs canons contre le dôme du palais affecté aux lettres, aux sciences et aux arts.

Après la guerre étrangère, la guerre civile, la Commune plus impitoyable encore pour lui que la révolution de 1848. Il vit la *Vierge* de Notre-Dame de Lorette mutilée, le *Napoléon* écrasé, le *Génie de la Liberté* lui-même, menacé et sauvé par miracle de la destruction. N'avait-il pas le pressentiment du sort qui lui était réservé, lorsque, à Noyon, parlant au nom de l'Académie des Beaux-Arts conviée à l'inauguration de la statue de Sarrazin, il disait, en mentionnant des ouvrages disparus : « Le temps les aurait respectés. La main des hommes les a détruits. Déplorable suite des révolutions dont la fureur insensée s'abat sur une toile ou sur un marbre ! »

A partir de 1871, le seul ouvrage sorti de son atelier est un *Saint Philippe*, où se montre, avec la

même sûreté que dans les travaux de la jeunesse
et de la maturité, un talent qui ne connut ni
défaillance ni déclin. Ce fut le couronnement
d'une des carrières les plus longues et les mieux
remplies qu'il ait été donné à un artiste de parcourir. Renonçant à la production, il réserva au
professorat son ardeur et ses forces. Six grands
prix, tant en sculpture qu'en gravure en médaille,
obtenus dans l'espace de six années, le récompen-
sèrent de ses peines. En 1873, il avait été l'objet,
de la part de ses élèves, d'une émouvante démons-
tration. Tous s'étaient réunis, les plus illustres et
les derniers venus et non les moins chers, pour
célébrer, dans un banquet, le cinquantième anniversaire de son départ pour Rome ; et, à cette
occasion, ils lui offrirent une médaille où l'un
d'eux, M. Ponscarme, avait, de sa main habile et
exercée, reproduit le maître tel qu'il était encore
à cet âge avancé, plein de vigueur et d'énergie.

Il allait bientôt recevoir les atteintes du temps
qui l'avait jusqu'alors épargné. Dans le courant de
1875, une attaque de paralysie mit sa vie en danger. Il se rétablit facilement, et l'on put espérer

que, grâce à la puissance de sa constitution, le mal ne laisserait pas de traces. Mais des désordres s'étaient produits dans la région du cœur ; peu à peu un affaiblissement contre lequel il lutta courageusement l'envahit ; ses jambes refusèrent de le porter, et dès 1880 il fut condamné à garder la chambre. Sa dernière sortie eut lieu au mois d'août 1882, pour aller défendre, à la séance de l'Académie où se jugeaient les grands prix de sculpture, l'ouvrage remarquable d'un de ses élèves menacé, par un excès de sévérité, d'être exclu du concours. Les représentations les plus autorisées, les prières les plus instantes n'eurent pas le pouvoir de le faire renoncer à une entreprise dont les suites causaient de si vives inquiétudes. Chez lui, dans toutes les circonstances, le devoir parlait le plus haut et était seul écouté. Fidèle aux règles qui avaient toujours dirigé ses actions, il se traîna jusqu'à l'Ecole des Beaux-Arts, soutenu par des bras amis.

Les souffrances qui abattirent et torturèrent son corps, respectèrent son intelligence ; l'esprit resta libre et sain. La netteté de son jugement, la luci-

dité de ses idées, la vivacité de ses souvenirs émer-
veillaient les élèves, les amis, les confrères pressés
autour de lui. Bien des affections et des dévoue-
ments l'entourèrent ; les plus douces consolations
lui vinrent de l'aimable compagne tardivement as-
sociée à son existence et qui, séduite par la bonté de
son âme et l'élévation de son talent, avait oublié
la disproportion des âges. Ses soins délicats, sa
tendresse attentive, sa vigilance poussée jusqu'au
sacrifice adoucirent et consolèrent les douleurs et
les tristesses du crépuscule. Au commencement de
janvier 1884, il reconnut que son état s'empirait et
sentit que l'heure des séparations approchait. Il
mourut dans la nuit du 27 au 28, à la suite d'une
longue et déchirante agonie, entre les bras de sa
femme bien-aimée, au milieu des amis qui tenaient
la première place dans ses affections. L'artiste qui
avait créé la sublime figure de l'*Immortalité* ne
croyait pas que l'homme eût pour destinée suprême
de descendre tout entier dans la tombe : il eut la fin
d'un chrétien. Ses funérailles furent célébrées le 30
janvier, en présence d'une foule nombreuse et affli-
gée qui accompagna, jusqu'au caveau du cimetière

Montparnasse où presque tous les siens l'avaient précédé, ce pieux et constant serviteur du beau et du bien.

V

Dumont, pour le peindre d'un seul coup de pinceau, est un sculpteur français. Il est incontestable-
ment un fils de cette race au génie clair et réfléchi,
originale quoiqu'elle se rattache à la tradition
grecque et romaine. Héritier des maîtres immor-
tels dont s'honore notre École, il tient d'eux la
science de la composition, l'amour de la nature, le
respect de la beauté, le culte de la noblesse et de la
grandeur. L'austérité de son idéal n'a pas nui à la
souplesse de son talent, car il a abordé toutes les
matières, traité tous les genres, de manière à prou-
ver qu'il possédait toutes les parties de son art et
qu'il savait approprier son style au caractère des
sujets comme aux exigences du goût moderne.
Aucune tâche n'était au-dessus de ses efforts. Supérieur dans le nu, avec ses quatre figures d'é-
tude, *l'Amour tourmentant l'âme, Leucothée et Bacchus, le Génie de la Liberté, la Jeune Femme au miroir,*

il a poussé jusqu'à la perfection l'art de draper et d'ajuster ; ses statues de la *Prudence*, de la *Vérité*, de la *Vierge*, de *Sainte Cécile*, du *Commerce*, de *Blanche de Castille* (il faudrait les énumérer toutes), sont des modèles incomparables. Il a excellé dans la restitution des personnages historiques : *François Ier*, *Philippe-Auguste*, *Saint Louis*, le *Prince de Condé*, *Buffon*, *La Bourdonnais*, *Bugeaud*, *Suchet*, *Davout*, *Eugène Beauharnais*, *Humboldt* ont chacun l'expression qui leur est propre, le trait qui les distingue et les fait reconnaître. Même lorsque le costume est semblable, l'accent diffère, la personnalité se fait jour. Est-il possible de confondre entre eux *Davout* le tacticien en possession de lui-même, *Suchet* la tête haute comme il la portait d'ordinaire, et ce *Prince Eugène* dont l'attitude imposante, le visage ému expriment si fièrement l'indignation de l'honnête homme sollicité à la trahison ? Le détail juste, l'accessoire caractéristique concourent à composer un ensemble idéal qui réunit l'application des règles strictes de la statuaire et l'individualité du portrait. La variété de son œuvre éclate dans son envoi à l'Exposition de 1855, où manquaient cependant la *Vierge,* le *Commerce* et le regrettable fronton de l'ancien pavillon Lesdiguières, où le poète le dispute au penseur.

Sévère pour lui-même, s'il se montrait indulgent pour les autres dans ses appréciations toujours équitables et modérées, il se contentait difficilement, et ne se détachait d'un ouvrage que quand il pouvait joindre à sa propre satisfaction celle des juges éclairés qu'il se plaisait à consulter. Les suffrages de l'élite étaient les seuls qu'il ambitionnât, dédaigneux de la popularité qui s'achète à vil prix et que dispense le vulgaire. De ses succès et de sa gloire, il en jouissait avec une simplicité discrète et une modestie sincère, qualités qui ne sont pas communes chez les artistes ; je le surprends à l'observer lui-même, en annonçant à un ami la mort de Pils : « C'était un artiste simple et modeste, ce qui est assez rare aujourd'hui ».

Le sentiment élevé qu'il avait de l'art et qui marque ses œuvres, il s'est efforcé de le transmettre à des générations de sculpteurs au cours d'un professorat de près d'un demi-siècle, pendant lequel ne se ralentirent jamais ni son dévouement ni son

attachement à ses élèves, mettant à leur disposition, à toute heure, ses conseils, son temps, son
crédit. Lui-même avait été un élève respectueux et
reconnaissant. Jamais un anniversaire de fête, un
renouvellement de l'année ne se passèrent sans qu'il
écrivît de Rome une lettre à Cartelier, ce maître
auquel il devait si peu. Il méritait l'affection et
l'estime qu'il inspirait et dont les preuves le tou-
chaient particulièrement. Perraud lui écrivait de
chez son père, dans le Jura où il venait d'appren-
dre sa nomination de chevalier de la Légion d'honneur : « Je vous embrasse comme j'embrasse le
vieux d'ici ». Dans le discours prononcé sur sa
tombe, au nom des élèves, M. Jules Thomas a été
l'interprète fidèle et ému des sentiments qu'ils
éprouvaient pour Dumont ; « Professeur d'une
haute autorité, homme d'une droiture antique,
rien n'égalait la bonté de son cœur. Il était pour
nous d'une bienveillance inépuisable : toujours
prêt, même lorsque l'âge avait diminué ses forces,
à venir dans nos ateliers nous conseiller et nous
encourager ; ne se refusant jamais à une démarche
auprès des puissants, pour aider ceux qu'il consi-

dérait comme ses enfants. Je puis donc le dire,
c'est plus qu'un maître, c'est un père que nous
pleurons. »

Conscience ! telle était la devise qu'il aurait pu
revendiquer. Elle le guida toujours et partout,
dans sa vie comme dans son art, à l'Ecole des
Beaux-Arts, comme à l'Académie dont il était depuis longtemps le doyen (1) et où il avait eu la
rare satisfaction de voir assis à ses côtés trois de ses
élèves, Perraud, un des grands noms de la sculpture
française, MM. Bonnassieux et Jules Thomas. Profondément imbu de la pensée des législateurs qui
avaient fondé l'Institut « dans le but de per-
fectionner les sciences et les arts », il estimait que
la fraction du corps illustre auquel il appartint
durant quarante-cinq ans, avait une mission,
celle de diriger le goût public et de soutenir, par

(1) Les Académies les plus en renom des pays étrangers
avaient tenu à honneur de le compter parmi leurs membres.
L'Académie royale des Beaux-Arts d'Anvers, dont il était
membre effectif, a fait couler en bronze l'*Amour tourmentant l'âme* pour orner son musée particulier, dans lequel
elle a placé en même temps le buste original en terre cuite
du maître, que nous avons admiré en marbre à un des derniers Salons et qui est dû à M. J. Thomas.

son influence et par l'autorité de ses travaux, l'art
dans les régions supérieures. Assidu aux séances,
d'une scrupuleuse exactitude aux jugements, il
prenait une part notable à la préparation du dic-
tionnaire, et se mêlait d'une manière circonspecte,
sur les points qui étaient de sa compétence, aux
discussions générales pour lesquelles il rédigeait
des notes où sa robuste raison se répandait en
vues justes et indiquait des solutions applicables.
Ses confrères l'honoraient et l'aimaient : la dignité
de sa vie était un exemple.

D'une sûreté à toute épreuve dans les relations,
d'un commerce facile, il conservait néanmoins,
même dans les cercles intimes et les milieux fami-
liers, les habitudes sérieuses de son esprit. Son maintien grave, son visage sévère imposaient un sentiment de réserve et de retenue à ceux qui l'abor-
daient pour la première fois ; mais ils ne tardaient
pas à lui être entièrement acquis, en découvrant
sous cet extérieur un peu rigide, une âme tendre,
un cœur aimant et débordant de bonté. Compa-
tissant et généreux, il était toujours prêt à rendre
service et le nombre de ses obligés est immense.

C'est une maxime de Vauvenargues que le génie
est formé « de plusieurs qualités, soit de l'esprit,
soit du cœur, qui sont inséparablement et intimement réunies ». En Dumont l'homme et l'artiste
ont été à la même hauteur. « Chez lui », a écrit
M. Guillaume en lui rendant en pleine Académie
un dernier hommage, « le caractère et le talent
ne pouvaient se séparer. C'était un sculpteur de
race et qui, de corps et d'esprit, semblait d'un
seul jet. »

FIN.

CATALOGUE DES OUVRAGES

DE

DUMONT

———

1819. Mlle **L. Dumont** (Mme FARRENC).

> Buste en plâtre.

1820. J.-E. Dumont.

> Buste en bronze.

1823. Evandre pleurant sur le corps de son fils Pallas.

> Bas-relief en plâtre. (*Ecole des Beaux-Arts.*)

1825. Faune flûteur.

> Copie en marbre d'après l'antique.

1825. Jeune fille romaine.

> Buste en plâtre.

> Reproduction en marbre. 1844.
> (*Palais grand-ducal, à Weimar.*)

> Reproduction en marbre. 1860.
> (*Chez M. le Comte Marescalchi.*)

> Reproduction en marbre. 1863.
> (*Musée du Luxembourg.*)

1826. Alexandre étudiant pendant la nuit.

> Bas-relief en plâtre. (*Musée de Saint-Omer.*)

1827. L'Amour tourmentant l'âme.

Statue en marbre. (*Musée d'Amiens.*)

Reproduction en bronze. 1832.
(*Chez M. Rambourg.*)

Reproduction en bronze. 1880.
(*Musée d'Anvers.*)

Réduction en bronze. 1884.
(*Thiébault.*)

1828. Leucothée et Bacchus.

Groupe en marbre. (*Musée du Luxembourg.*)
Id.   (*Galerie de Mme la duchesse de Galliera.*)

1830. Pierre Guérin.

Buste en marbre (*Villa Médicis, Rome.*)
Id.   (*Église Saint-Louis-des-Français, Rome.*)
Id.   (*Palais du Louvre.*)
Id.   (*Palais de l'Institut.*)

1831. Napoléon Ier.

(*En collaboration avec Duret.*)
Petit modèle en plâtre. (*Musée de Semur.*)

1832. La Justice.

Statue en marbre. (*Chambre des Députés.*)

1832. La Sagesse.

Bas-relief en marbre.
(*Monument de Cartelier. Cimetière de l'Est.*)

1832. Dupré, Graveur général des Monnaies.

Buste en bronze. (*Musée de St-Étienne.*)

1835. Nicolas Poussin.

Statue en marbre. (*Palais de l'Institut.*)

1836. Le Génie de la Liberté.

Statue colossale en bronze. (*Colonne de la Bastille.*)
Statue de grandeur naturelle en bronze. (*Château de la duchesse de Sutherland, en Écosse.*) 1838.
Statue de grandeur naturelle en bronze. (*Commandée par l'administration des Beaux-Arts pour le Musée du Louvre.*) 1885.

1837. François Ier.

Statue en marbre. (*Musée de Versailles.*)

1838. Louis-Philippe.

statue en marbre. (*Musée de Versailles.*)

1838. Louis-Philippe.

Buste colossal, en marbre.

1838. Van-Praët.

Buste en marbre. (*Bibliothèque nationale.*)

1838. La Vierge.

Statue en marbre. (*Église Saint-Leu.*)
Id.   (*Église Notre-Dame de Lorette.*) 1872.

1839. Le maréchal d'Aumont.

Buste en plâtre. (*Musée de Versailles.*)

1840. Sainte Cécile.

Statue en pierre. (*Église de la Madeleine.*)

1842. Saint Louis.

Statue en marbre. (*Palais du Luxembourg.*)

1843. Adolphe Nourrit.

Médaillon en marbre. (*Cimetière du Nord.*)

1843. Madame Élisabeth.

Buste en plâtre. (*Musée de Versailles.*)

1843. Philippe-Auguste.

Statue en bronze. (*Place du Trône.*)

1844. Étude de jeune femme.

Statue en marbre. (*Musée du Luxembourg.*)

Reproduction en bronze.
(*Palais de la Légion d'honneur.*)

1845. Collot, ancien directeur des Monnaies.

Buste en marbre. (*Musée de Montpellier.*)

1846. Mme Paul Delaroche.

Médaillon en marbre. (*Cimetière du Nord.*)

1846. Louis Ier de Bourbon, prince de Condé.

Statue en plâtre (*Musée de Versailles.*)

1847. La Muse de l'Harmonie couronnant le buste de Chérubini.

Bas-relief en marbre. (*Cimetière de l'Est.*)

1847. Général de Candras.

Buste en plâtre. (*Musée de Versailles.*)

1848. Blanche de Castille.

Statue en marbre. (*Jardin du Luxembourg.*)

1850. Le maréchal Bugeaud.

Statue en marbre. (*Musée de Versailles.*)
Statue en bronze. (*Alger.*)
    Id.   (*Périgueux.*)

1851. Le prince de Joinville au tombeau de Napoléon à Sainte-Hélène.

Bas-relief en marbre. (*Enlevé des Invalides sous le second Empire. Audépôt des marbres du gouvernement.*)

1851. Buffon.

Statue en bronze. (*A Montbard.*)

1852. Le Commerce.

Statue en pierre. (*Palais de la Bourse.*)

1855. Décoration du pavillon Lesdiguières.

(*En pierre.*)
La Gloire et l'Immortalité (fronton).
La France (statue assise).
La Paix et la Guerre (trophées).
(*Ouvrage détruit.*)

1856. Suchet, duc d'Albuféra.

Statue en marbre. (*Musée de Versailles.*)
Statue en bronze. (*A Lyon.*)

1858. Gerdy, professeur à la Faculté de Médecine.

Buste en marbre. (*Musée de Troyes.*)
Reproduction en bronze. (*Faculté de médecine.*)
Reproduction en bronze. (*Académie de médecine.*)

1858. Le prince Charles Bonaparte.

Médaillon en plâtre pour la médaille exécutée par M. Ponscarme.

1859. Mahé de La Bourdonnais.

Statue en bronze. (*Ile Maurice.*)

1859. Mis de Pastoret, grand-chancelier de la Chambre des Pairs.

Buste en marbre. (*Palais du Luxembourg.*)

1860. Ducis.

Buste en marbre. (*Palais de l'Institut.*)

1862. Général Carrera.

Statue en bronze. (*A Santiago, Chili.*)

1863. Napoléon Ier.

Statue colossale en bronze. (*Colonne Vendôme.*)

1864. Le prince Eugène Beauharnais.

Statue en bronze. (*Hôtel des Invalides.*)

1865. La Prudence. La Vérité.

Statues en pierre. (*Palais de Justice. Nouvelle façade.*)

1865. Le marquis de Brignole.

Buste en marbre.

1866. Duc Decazes.

Statue en bronze. (*Decazeville, Aveyron.*)

1866. Maréchal Davout.

Statue en bronze. (*A Auxerre.*)

1866. A. Lenoir, fondateur du musée des Petits-Augustins.

Buste en marbre. (*École des Beaux-Arts.*)

1867. Le pape Urbain V.

Statue en bronze. (*Monde.*)

1868. L'Adoration de la Croix.

Bas-relief en marbre. (*Monument funéraire du marquis de Brignole. Voltri, Italie.*)

1869. La ville de Mézin offrant une couronne au général Tartas.

Monument en bronze. (*Mézin, Lot-et-Garonne.*)

1869. L'Architecture. La Sculpture.

Statues en pierre. (*Palais du Louvre.*)

1871. Humboldt.

Statue en marbre. (*Musée de Versailles.*)

1878. Saint Philippe.

Statue en marbre. (*Chapelle de l'Orphelinat Saint-Philippe à Fleury-Meudon.*)

Un grand nombre de Bustes de particuliers.

La plupart des modèles de Dumont sont conservés au Musée de Semur (Côte-d'Or), inauguré, en 1865, par M. Bruzard, maire de la ville.

ICONOGRAPHIE

DE

DUMONT

1817. Portrait peint par **Pajou**.

1821. Portrait peint par **Dupuis**.

1825. Portrait peint par **Bouchot**.

1827. Médaillon par **Desprez**.

1828. Portrait dessiné par **A. Debay**.

1839. Médaillon par **Gruyère**.

1850. Portrait peint par **Brascassat**.

1855. Portrait dessiné par **Marc**.

1857. Portrait dessiné par **Heim**.

1863. Médaillon en bronze par **Ponscarme**.

1872. Buste en terre cuite par **Perraud**.

1873. Médaille en bronze par **Ponscarme**.

1877. Buste en marbre par **J. Thomas**. *(Le même buste existe en terre cuite et en bronze.)*

1878. Portrait peint par **Robert Fleury**.

LISTE DES ÉLÈVES

DE

DUMONT

———

ADAM-SALOMON ✻

AIZELIN ✻

ALBERT-LEFEUVRE

AMY

AUBERT (Paul)

BASTET

BÉGUINE

BERTAUX (Mme)

BOISSEAU

BONNARDEL, 1er grand prix

BONNASSIEUX ✻, 1er grand
   prix, membre de l'Institut

BOTTÉE, 1er grand prix

BOUCHER, 2e grand prix

BREUIL

BREWSTER

BRIDEN

BUAT

BULLET

CAPELLARO (Paul)

CAPTIER

CHARLES, 2e grand prix

CHATRIN-SAINT-YVES

CHERVET

CHRÉTIEN

COMBARRIEU, 2e grand prix

COQUELIN

CORDONNIER, 1er grand prix

COUPON

COURTET

CRAUK, O. ✻, 1er grand prix

CROISY, 2e grand prix

DECORCHEMONT

DELHOMME

DELIGAND

DEMAILLE

DEVENET

DIÉBOLDT ✻, 1er grand prix

DRUAUX

DUMILATRE, 2e grand prix

DUJARDIN, 2e grand prix

EXPERTON

FALCONNIER

FAMIN

FAUCHER

FERRER

FRANÇOIS, O. ✳, membre de l'Institut

FRISON

FROGET

GAUTHERIN ✳

GERMAIN (J.-B.)

GONON

GOURDON

GRABOWSKI

GRASSET, 1er grand prix

GRANET

GRUYÈRE, ✳, 1er grand prix

GUILBERT ✳, 2e grand prix

GUILLOUX

GUSSE

HANNAUX, 2e grand prix

HUGOULIN

HUGUES, 1er grand prix

ICARD

INJALBERT, 1er grand prix

IRVOY, 2e grand prix

JANSON

JOUANT

KINSBURGER

KITSON

LAMI ✳

LANCELOT (C.-P.)

LAPORTE (Em.)

LAVIGNE, 2e grand prix

LE DUC

LEFÈVRE-DESLONCHAMPS

LEGUEUT

LEHARIVEL ✳

LEMAIRE (Hector)

LEPÈRE ✳, 1er grand prix

LESUEUR

LOISEAU

MANIGLIER ✳, 1er grand prix

MARÉCHAL, 1er grand prix

MARIOTON (Claudius)

MARIOTON (Eugène)

MATHET

MATHIEU-MEUSNIER.

MAUGENDRE-VILLERS

MÉLOT

MOMBUR, 2e grand prix

MOREAU (Louis)

MOREAU (M.) ✳, 2e grand prix

MOREIRA	**RÉCIPON**
NAIGEON	**RENOIR**
PAUFFARD	**RIVEY**
PÉCHINÉ	**ROGER**
PEENE, 2ᵉ grand prix	**ROTY**, 1ᵉʳ grand prix
PERRAUD O. ✳, 1ᵉʳ grand prix, membre de l'Institut	**RUFFIER**
PERRIN, 2ᵉ grand prix	**SALMSON** ✳
PETIT (Savinien)	**SAUZET**
POELAERT	**SAVINE**
POMATEAU	**SOBRE**
PONSCARME ✳, 2ᵉ grand prix	**SOLDI** ✳, 1ᵉʳ grand prix
POWER	**THOMAS**, O. ✳, 1ᵉʳ grand prix, membre de l'Institut
PROUHA	**VERCY (DE)**
PULL	**WALTER**

Cette liste, quoique dressée à l'aide des renseignements les plus sûrs, est forcément incomplète. Elle n'a admis que les artistes ayant exposé au Salon.

TABLE

—

I.

LES ANCÊTRES.

II.

LA JEUNESSE.

III.

LE PENSIONNAT.

IV.

LA PRODUCTION.

IV.

CONCLUSION.

FIN DE LA TABLE.

POITIERS. — TYPOGRAPHIE OUDIN.